新版

日本語⇒韓国語

くち を鍛える 韓国語作文

―語尾習得メソッド―

上級編

白姫恩 ＝著

コスモピア

本書執筆にあたって (前書にかえて)

　本書は、初級編・中級編に引き続き、次の３点をねらいとして執筆しました。

①韓国語の語尾を理解した上で、韓国語の作文を行う。

②日本語から韓国語へ変換するトレーニングにより、スピーキング能力を鍛え、日本語で一度翻訳してから韓国語に変換して言うのではなく、直にコードスイッチング（コードの切り替え）ができる習得を目標とする。

③実用性の高い７５課６００例文の中で習得する。

　読者の皆さんは、初級編・中級編の学習とコード・スイッチングの練習を通して韓国語の基本語尾に関する理解がかなりの程度で定着していることと思います。それをベースとして、より豊かな表現をマスターしてほしいと考えています。

PART1　終結・連結語尾や慣用表現を増やそう！

　同じ表現でも終結語尾だけではなく、連結語尾として使われている表現や複数の意味をもつ表現などを整理しました。

PART2　未来・過去連体形をマスターしよう！

　中級編では現在連体形を主に掲載したので、ここでは未来・過去連体形を中心に学習します。

PART 3　連体形はこれで完成！

　中級編と上級編の PART2 で学習した連体形を基本にしていますが、ここでは過去・現在・未来連体形関連の表現を一緒に学習できるように構成しました。連体形を定着させ、語尾を含めた文章の内容をより詳細に理解できることを目標として整理しています。

PART4　紛らわしい部分を解消！

　韓国語の学習の際に、間違えやすい表現を取り揃えています。

　さらに PART1 ～ PART4 の内容以外に、単語や例文においても初級編・中級編同様、実用性の高い表現を提示することにも気を配っております。12 ページより本書コンセプトを紹介しました。

　そして、本書で韓国語を頑張る読者の皆さんのため、「新版 口を鍛える韓国語作文―語尾習得メソッド―」のフル活用法を掲載しました。「新版 口を鍛える韓国語作文―語尾習得メソッド―」初級編・中級編・上級編が皆さん一人一人の韓国語運用力アップの更なる一助になることを願っています。

　この著書の執筆過程・編集にあたり（株）コスモピアの坂本社長、熊沢氏には大変ご尽力いただきました。深い感謝の意を記させていただきます。

情熱「白」先生
白 姫恩

目 次

◆ **本書執筆にあたって** …… 2
◆ **本書コンセプトの紹介** …… 12
◆ **「新版 口を鍛える韓国語作文—語尾習得メソッド—」シリーズ丸ごとフル活用法！** …… 13
◆ **作文を始める前に** …… 20
◆ **トレーニングの進め方** …… 26
◆ **トレーニングの注意点** …… 28
◆ **音声を聞く方法** …… 30
◆ **音声ファイル番号表** …… 31
◆ **本書の構成** …… 32

Part1 終結・連結語尾や慣用表現を増やそう！

1 **~(이)라고** ~(だ)と？
 ~(이)라고 하다 ~という、~だそうだ …… 36

2 **~다니요(라니요)?** …… 38
 ~ですって？、~するなんて、~だなんて

3 **~다고 생각하다 / (이)라고 생각하다** …… 40
 ~(だ)と思う、考える

4 **~다니까(요)** …… 42
 ~するってば、~と言ったら、~ってば、~と言われて、~だと言うから

5 **~(으)라** …… 44
 ~しなさい、~しろ

6 **~(으)래(요)** …… 46
 ~しろって、~しろって言ってる

7 ~(으)면 되다 ……48
~すればいい、~ならば大丈夫だ、~ければいい

8 ~(으)면 안 되다 ……50
~してはいけない、~してはだめだ、~するとだめだ

9 ~ㄹ/을래(요) ……52
~するつもりだ、~するつもり？、~します、~しましょうか？

10 ~ㄹ/을걸(요) ……54
~だろう、~すればよかった、~と思うよ

11 ~ㄹ/을 리가 없다 ……56
~するはずがない、~するわけがない

12 ~ㄹ/을지(도) 모르다 ……58
~するかもしれない、~するか心配だ

13 ~ㄹ/을 수 밖에 없다 ……60
~するしかない、~せざるを得ない

14 ~ㄹ/을 뿐이다 ……62
~する他ない、(他に方法がなく)~するしかない、~するだけだ、~するのみである

15 ~ㄹ/을까 보다 ……64
~だろうかと思う、~だと判断する、~かと思う、~しようかと思う

16 ~나 보다・ㄴ/은가 보다 ……66
~のようだ

17 ~아/어라 ……68
~しなさい、~しろ

18 ~아/어 버리다 ……70
~してしまう

19 ~아/어 보이다 ······72
　～のように見える、～く見える

20 ~았/었었다 ······74
　～していた

21 ~아/어야지(요) ······76
　～しなければ(ならない)、しなければなりません

22 ~고 말다 ······78
　(とうとう)～してしまう

23 ~고 말겠다 ······80
　～してみせる(から)

24 ~고 싶어하다 ······82
　～したがる、～をほしがる

25 ~고는 하다 ······84
　～したりする、(よく)～していた、(頻繁に)～したりする、～したりしたものだ

26 ~게 생겼다 ······86
　～するはめになった、することになった、～する立場となった

27 ~기 싫다 ······88
　～したくない、～(するの)は嫌いだ、～(するの)が嫌だ

28 ~기 십상이다 ······90
　～しやすい、～する可能性(確率)が高い、すぐ～する

29 ~기 나름이다 ······92
　～次第である、～するかにかかっている、～することによる

30 ~더라 ······94
　～だったよ、～だっけ？、(第三者が)～していたよ

31 ~더래 ……96

　～したんだって、～だったんだってよ、～だったそうよ、～したそうだよ

32 ~는 중이다 ……98

　～する途中だ、～している最中だ、～しているところだ

33 ㄷ変則 ……100

34 ㅅ変則 ……102

35 ㅎ変則 ……104

36 ~느라(고) ……106

　～することによって、～するために、～しようとして、～しようとする(目的が原因で)

37 ~다(가) 보다 ……108

　～をしばらくしていたら、～しているうちに、～していると、～していて(気づいたら)

38 ~다시피 ……110

　～するがごとく、～のとおり、(まるで)～することと変わらないように

39 ~도록 ……112

　～するように、～するぐらい、～するまで、～できるように、～するために

40 ~고도 ……114

　～しても、～したにも(かかわらず)、～でありながら

41 ~더라도 ……116

　～だとしても、(たとえ)～だとしても、(いくら)～であっても、～である場合でも

42 ~게 ……118

　～く、～に、～ように、～するように

43 ～더니 ……120
～だったのに、～していたのに、～だと思っていたら、～した後(すぐ)、
～した途端、～たので、～たら、～ていたが

44 ～ㄹ/을지 ……122
～するか、～するだろうか、～であろうか、～なのか、～するつもりなのか

45 ～(으)라고 ……124
～しろと、～するために、～しろってば、～しろと言ったよ

46 ～(으)라는데 ……126
～しろと言うんだけど(ね)、～しろって言われているけど、～だというから、
～だという話だけど

Part**2** 未来・過去連体形をマスターしよう！

47 ～ㄹ/을(未来連体形) ……130

48 未来連体形＋때 ～する時
未来連体形＋때마다 ～するたびに、～するといつも
未来連体形＋때까지 ～するまで(に) ……132

49 未来連体形＋정도 ……134
～するくらい、～するほど

50 未来連体形＋것 없다 ……136
～することはない、～する必要はない

51 未来連体形 + **테니까** ……138

〜するだろうから、〜のつもりだから、〜はずだから

52 未来連体形 + **뻔했다** ……140

〜しそうになった、〜するところだった

53 未来連体形 + **망정** ……142

〜けれども、(たとえ)〜であるとも、〜といえども、(もし)〜になるとしても、(もし)〜することがあっても

54 過去連体形 + **후/다음/뒤(에)** ……144

〜した後に

55 過去連体形 + **지** ……146

〜してから、〜してから(時間が経過した)、〜して(時間が経過した)

Part**3** 連体形はこれで完成！

56 連体形 + **것 같다** ……150

〜のようだ、〜しそうだ、〜みたいだ

57 連体形 + **것이다** ……152

〜するだろう、〜するつもりだ

58 連体形 + **줄 알다・모르다** ……154

〜することができる・できない、〜と思う・思わない

59 連体形 + **만큼** ……156

〜するほど、〜するくらい

60 連体形＋**적(이) 있다·없다** ……158
　　～したことがある・ない

61 **～아/어 본 적(이) 있다·없다** ……160
　　～してみたことがある・ない

62 連体形＋**모양이다** ……162
　　～ようだ、～みたいだ

63 連体形＋**척하다** ……164
　　～するふりをする

64 連体形＋**편이다** ……166
　　(いつも)～するほうだ、(よく)～したほうだ

65 連体形＋**데다(가)** ……168
　　～するうえにさらに、～したうえにさらに、～だけでなく(それに)

66 連体形＋**순간** ……170
　　～した瞬間、～と同時に

Part4 紛らわしい部分を解消！

67 **～고 있다** と **～아/어 있다** ……174
　　～ている

68 **～말고** と **～아니고/아니라** ……176
　　～ではなく

69 ～아서/어서 と ～니까 ……178
　　～だから、～なので

70 ～지 말고 と ～지 않고 ……180
　　～しないで

71 ～에 と ～로 ……182

72 受身形① ……184
　　～れる、～られる

73 受身形② ……186
　　～れる、～られる

74 使役 ……188
　　～せる、～させる

75 ～게 하다 ……190
　　～するようにする、～させる、～くする

フレーズトレーニング ……193

（本書に出てきた単語）
韓国語引き　単語帳……232
日本語引き　単語帳……242

> コラム

❶ 주세요［チュセヨ］と［ジュセヨ］、正しい発音は？　濁音化マスター①…… 128
❷ 韓流スター好きの方は必見！　濁音化マスター②…… 148
❸ お尻はダメ？　一人もダメ？…… 172
❹ 勉強しているのに実力が伸びない？！…… 192

» 本書コンセプトの紹介

用言は前の語幹と後ろの語尾によって構成され、**変化するのは語尾**だけです。

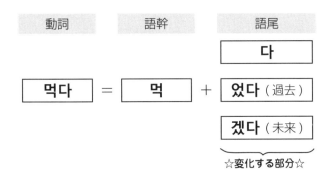

		語尾
		다
먹다	= 먹 +	었다（過去）
		겠다（未来）

☆変化する部分☆

　同じ表現の語尾でも使い方によって、連結語尾として使われている場合もありますし、終結語尾として使われている場合もあります。

　いろんな語尾は慣用句のように決まっているパターンで使われている場合も多いので、そのような表現をきちんと覚えて、スピーキングトレーニングを行うことでリスニングの能力はもちろん、韓国語力はぐんと伸びるでしょう。

「新版 口を鍛える韓国語作文
ー語尾習得メソッドー」
シリーズ
丸ごとフル活用法！

　「新版 口を鍛える韓国語作文ー語尾習得メソッドー」シリーズは初級編から上級編までスピーキングの実力が着実にアップできるように構成されています。

　そして、最大の特徴は**初級編のレベルの方でも中級編と上級編でスピーキングと作文のトレーニングができる**ように構成されています！

　「新版 口を鍛える韓国語作文ー語尾習得メソッドー」シリーズの基本構成は
大まかに以下のような順になっています。

①**本書コンセプト紹介、作文を始める前になど** ⇒ *p.12 ～ p.34*
②**本文** ⇒ *p.35 ～ p.192*
③**フレーズトレーニング**⇒ *p.193 ～ p.231*
④**単語帳** ⇒ *p.232 ～ p.253*

※「新版 口を鍛える韓国語作文ー語尾習得メソッドー」シリーズでどのように韓国語を学習すればいいのか悩まれている方のために、効率的な学習方法を本文の前に掲載していますので、学習の前に必ず読んでおくことをおすすめします。

本書の前に出版された【初級編】【中級編】に関してカンタンに説明します。

●初級編の本文

本文を大まかに‘ヨ体’と‘ニダ体’に分けています。

初級編だけで似ている違う表現を4回登場させ、基本文法・語尾の習得はもちろんスピーキング力を自然に学習できるように構成しています。

そして、発音しやすくて、会話でもっともよく出てくる表現の一つである‘ヨ体’を先に登場させています。

※おすすめのトレーニング順①

1）ヨ体
2）ニダ体
3）ヨ体（レベルアップ）
4）ニダ体（レベルアップ）

※おすすめのトレーニング順②

1）ヨ体
2）ヨ体（レベルアップ）
3）ニダ体
4）ニダ体（レベルアップ）

●中級編の本文

初級編ではヨ体とニダ体を別の課に載せていますが、中級編では一つの課でヨ体とニダ体を一緒に学習できるようにしています。

終結語尾だけではなく、連結語尾も載せ、多様な語尾を学習できるように構成されています。そして、韓国語の重要文法である連体形の中でも現在連体形を中心に掲載しています。

●上級編の本文（本書）

上級編では終結語尾・連結語尾・慣用句の学習はもちろん、韓国語文法でも頻繁に用いられる連体形を多めに掲載しました。

中級編では現在連体形を中心に掲載しましたが、上級編では未来連体形、過去連体形を追加しだだけではなく、連体形をマスターできるように連体形関連の多様な表現を載せたので、連体形で苦労している学習者にきっと役に立つと思います。

例文の順番は基本的に、パンマル→ヨ体→ニダ体順になっています。

本書では **-(으) 십시오**を使った表現はニダ体、ハンダ体はパンマルに分類しました。

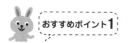

おすすめポイント**1**

★実際に韓国で使われている表現を例文として ピックアップ！

例えば

47 課

당고개 방면으로 가실 손님은 이번 역에서 열차를 갈아타시기 바랍니다.
タンゴゲ方面に行かれるお客様は今回の駅で列車をお乗り換え下さい。

上記のような表現は韓国の旅行でも絶対役に立つと確信していますので、大きい声でスピーキングの練習をしてみて下さい。

そして、韓国ドラマやK-POPで頻繁に使われているリアルな表現も掲載しています。

---

14 課

내겐 진짜 너뿐이야！ 私にはほんとうに君だけだよ。

---

27 課

꼴도 보기 싫어. 지금 당장 나가！ 顔も見たくない。今すぐ出てけ！

⇒音声のリスニングと例文のスピーキング練習だけで、実践の場で使える韓国語練習ができます。

独り言として使える表現や日記で書くような表現であるパンマル（**한다体**など）、そして、外国語である韓国語に接する時の緊張感をなくし、集中力をアップさせるためになじみやすい日本人の名前やスターの名前などを例文に多めに入れています。

---

1 課

새로 부임한 본부장 정윤호라고 합니다.
新しく赴任した本部長の<u>チョン・ユンホ（ユノ）</u>と申します。

---

11 課

이 치마가 이렇게 **작을 리가 없는데.**
このスカートがこんなに小さいはずが<u>ないのにね</u>。

---

12 課

이게 마지막 **기회일지 몰라.** これが最後のチャンス<u>かもしれない</u>。

---

67 課

합격자 명단에 내 이름이 쓰여 있었다.
合格者名簿に私の名前が書いて<u>あった</u>。

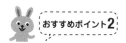

★スピーキングとリスニング力向上のための こだわりの音声ナレーション！

全ての韓国語の例文は同じトーンの声ではなく、例文の内容と場面に合わせてトーンや言い方を変えて収録しています。

例えば、

47 課

이번 역은 노원！노원역입니다 . 내리실 문은 오른쪽입니다 .
今回の駅はノウォン！ノウォン駅です。降りられるドアは右側です。

案内放送の例文を使って、「韓国語を一生懸命に練習しても韓国に行ったら頭が真っ白になって何も聞こえてきません！」という学習者にリスニングトレーニングを頑張ってもらいたいです。

27 課

꼴도 보기 싫어 . 지금 당장 나가！
顔も見たくない。今すぐ出てけ！

このような表現は韓国ドラマや実際の場面を想像しながら怒っている感じで収録していますので、皆さんも場面を考えてスピーキングの練習をしましょう。このような効率的なトレーニングで、皆さんの韓国語力はきっとアップできると確信しています。

《フレーズトレーニングに関して》

　初級編のフレーズトレーニングは韓国語の基本をきちんと学習できるようにするため、語尾を基本形にして掲載しています。

　中級編・上級編のフレーズトレーニングは韓国語の基本会話をきちんと学習できるようにするため、本文の語尾の部分だけを掲載しています。

　本文では文章の意味を考えて感情を込めたナレーションになっていますので、ドラマや日常会話での実践会話に役に立つと思います。そして、後半のフレーズトレーニングでは本文の語尾の部分を掲載していますが、ノーマルで一般的なナレーションにして収録しましたので、本文が少し長く感じる方や難しく感じられる方はこのフレーズトレーニングを練習してから、本文に挑むことをお勧めします。

　つまり、**中級編・上級編のフレーズトレーニングは初級者の方でも気軽に学習ができる**ということです。必ずしも長い文章だけ言えるのが、語学力が高いとは思いません。**文章で見ると、韓国語の意味が大体分かるのに、会話で聞くと、短い文でも思い出すのにかなり時間がかかるの**は珍しいことではありません。

　まずは、短い文章でも韓国語を聞いた際に約1秒以内にすぐ意味がわかるかということが重要です。

　例えば、**사랑해요**[サランヘヨ]を聞いたときに自然に「愛しています」という意味がすぐにわかれば、その表現はきちんとあなたに身についているということです。

　また皆さんは韓国料理を食べて、**맛있어요**[マシッソヨ]「美味しいです」が自然に言えるでしょうか？

　もしすぐ言えるのであれば、これからは「新版 口を鍛える韓国語作文―語尾習得メソッド―」でスピーキングの練習をする時にも**そのよう**

な感覚を思い出してください。

　難しいたくさんの表現をいっぱい覚えているのにもかかわらず、会話が上手くできない場合は自信をなくしてしまう恐れもあるでしょう。

　語学力をアップするためには言語に対する肯定的なマインドがとても重要だと思っています。美味しいものでも誰かが「まずそう！」と言うと、何となくまずそうに見えるような気がするという話を耳にします。

　韓国語の学習の時もまず肯定的なマインドをもって「私は初心者だから無理！」とか「音声を聞くだけでも大変」と思わないように、**きちんと口を通して発音してみて**下さい。音声を聞くこともいいのですが、**面倒くさいと思わずに口を鍛えて**いきましょう！

　音声を聞き流すだけよりは、**口を通して発音し、もう一度自分の脳に認識**させたほうがきっと効果が高いと思います。

　まずは、**主語と語尾の聞き取り、話のポイントがわかるように**心がけて練習しましょう！日本語と韓国語は語尾によって文章の意味が変わってしまうので、本書のシリーズで語尾の基本をしっかり身につけて下さい。

　そして、韓国語を聞いた時に日本語に訳してしまわないように！

　要注意です。

作文を始める前に

1）連体形の規則を確認しよう！

【正則活用】

	パッチム	回想（大過去）	過去	現在	未来
形容詞・指定詞	無	던	던	ㄴ	ㄹ
	有			은	을
動詞	無	던	ㄴ	는	ㄹ
	有		은		을
存在詞	有		던		을

① **形容詞・指定詞の現在連体形：語幹 + ㄴ/은**

例）形容詞（パッチムなしの場合）**깨끗하다**（清潔だ）⇒ **깨끗한 호텔**（清潔なホテル）

指定詞　**연예인이다**（芸能人である）⇒ **연예인인 김경호씨**（芸能人であるキム・ギョンホさん）

② **動詞・存在詞の現在連体形：語幹 + 는**

例）**모르다**（知らない・わからない）⇒ **모르는 사람**（知らない人）

③ **以下の名詞の前には常に未来連体形を用いる**

例）**계획**（計画）、**생각**（考え）、**필요**（必要）、**예정**（予定）など

【変則の形容詞・動詞の現在連体形の作り方】

	形容詞	動詞
ㅂ変則	ㅂパッチム脱落 + **우** + **ㄴ** **운**	ㅂパッチム脱落 + **우** + **ㄴ** **운**
ㄹ変則	パッチム脱落 + **ㄴ**	パッチム脱落 + **는**

2) ハンダ（한다）体の規則を確認しよう！

　語尾には「ニダ体」と「ヨ体」があるが、もう一つ終止形がある。

　それは、「〜だ」「〜である」の意味をもつ「ハンダ**한다**体」。しかし、本書では「パンマル」として表記する。

	現在	過去	未来	尊敬	
			推測・意志	現在	過去
動詞	～ㄴ다 ～는다	～았/었다	～겠다	～(으)신다	～(으)셨다
	例) 간다 입는다 만든다	例) 갔다 입었다 만들었다	例) 가겠다 입겠다 만들겠다	例) 가신다 입으신다 만드신다	例) 가셨다 입으셨다 만드셨다
形容詞	基本形（のまま）	～았/었다	～겠다	～(으)시다	～(으)셨다
	例) 크다 작다	例) 컸다 작았다	例) 크겠다 작겠다	例) 크시다 작으시다	例) 크셨다 작으셨다
指定詞 ～(이)다/아니다	基本形（のまま）	～이었다 ～였다	～(이)겠다	～(이)시다	～(이)셨다
	例) 모델이다 의사다	例) 모델이었다 의사였다	例) 모델이겠다 의사겠다	例) 모델이시다 의사시다	例) 모델이셨다 의사셨다
存在詞 있다/없다	基本形（のまま）	～았/었다	～겠다	～(으)신다	～(으)셨다
	例) 있다 없다	例) 있었다 없었다	例) 있겠다 없겠다 (있을 것이다) (없을 것이다)	例) 계신다 안 계신다	例) 계셨다 안 계셨다

3) 変則活用になる用言の요体を確認しよう！

種類	解説	例
ㅎ変則 ※動詞は全て正則活用	ㅎパッチムがある文字の母音に → ㅏ/ㅓ ある⇒ㅐに変わる（ㅎも脱落）＋요 → ㅑ ある⇒ㅒに変わる（ㅎも脱落）＋요 → ㅕ ある⇒ㅖに変わる（ㅎも脱落）＋요	例 까맣다 까맣 + ㅐ요 →脱落 →까매요
ㅅ変則	ㅅパッチムがある文字の母音に → ㅗ/ㅏ ある⇒ㅅ다 を脱落 + 아요 → ㅗ/ㅏ なし⇒ㅅ다 を脱落 + 어요	例 낫다 낫 + 아요 →脱落 →나아요 例 짓다 짓 + 어요 →脱落 →지어요
ㄷ変則 ※形容詞は全て正則活用	ㄷパッチムがある文字の母音に → ㅗ/ㅏ ある⇒ㄷ다 を脱落⇒ + ㄹ아요 → ㅗ/ㅏ なし⇒ㄷ다 を脱落⇒ + ㄹ어요	例 듣다 듣 + ㄹ어요 →脱落 →들어요 例 깨닫다 깨닫 + ㄹ아요 →脱落 →깨달아요

・変則になる用言の例

《ㅎ変則》

【形容詞】 **노랗다**「黄色い」 **까맣다**「黒い」 **빨갛다**「赤い」 **파랗다**「青い」
하얗다「白い」
例外）**좋다**「よい」は正則活用
【動詞】 全て正則活用→変則なし

《ㅅ変則》

【形容詞】 **낫다**「よりよい」→ 1 語のみ
【動詞】 **짓다**「(家を)建てる」 **붓다**「注ぐ」 **긋다**「(線を)引く」
잇다「つなぐ」
※正則活用するもの
벗다「脱ぐ」 **솟다**「そびえる」 **씻다**「洗う」 **웃다**「笑う」
빼앗다「うばう」

《ㄷ変則》

【形容詞】 すべて正則活用→変則なし
【動詞】 **싣다**「載せる」 **걷다**「歩く」 **묻다**「尋ねる」 **듣다**「聞く」
깨닫다「悟る」
※正則活用するもの
믿다「信じる」 **받다**「受け取る」 **얻다**「得る」
닫다「閉める」 **묻다**「埋める・くっつく」 **쏟다**「こぼす、流す」

4）発音の変化を確認しよう！

連音化	パッチムの後にㅇが来ると、パッチムがㅇに引っ越し。 ※パッチムが二つある場合は、ㅇに近い右のパッチムが移動すると思って下さい。 例)「単語」단어→ [다너]
有声音化 **（濁音化）**	ㄱ,ㄷ,ㅂ,ㅈが語頭ではk,t,p,chに近い音になるが、語中ではg,d,b,jに近い音になる。 例)「肉」고기 [コギ]、「プルゴギ」불고기 [プルゴギ]
濃音化①	ㄱ,ㄷ,ㅂ,ㅅ,ㅈがパッチムのㄱ,ㄷ,ㅂ音の後に来ると、それぞれㄲ,ㄸ,ㅃ,ㅆ,ㅉに変化する。 ※ㄱ,ㄷ,ㅂ以外の子音の後で濃音化することもある。 例)「学校」학교→ [학꾜]
濃音化②	ㄱ,ㄷ,ㅂ,ㅅ,ㅈがパッチムㄴ,ㄹ,ㅁ,ㅇの後にくると、ㄲ,ㄸ,ㅃ,ㅆ,ㅉで発音される。 例)「眼科」안과 → [안꽈]、「ハンカチ」손수건→ [손쑤건]
鼻音化	ㄱ,ㄷ,ㅂの音は,後に鼻音ㄴ,ㅁが来ると、それぞれㅇ,ㄴ,ㅁになる。 ※ㄷの発音に思われる文字→ㄷ,ㅌ,ㄸ,ㅅ,ㅈ,ㅊなど 例)「昨年」작년→ [장년]
ㅎ音の変化① **（無音化・弱音化）**	ㅎ前後にㄴ,ㄹ,ㅁ,ㅇの音が来ると、ㅎはほとんど発音されない。例)「銀行」은행→ [으냉]
ㅎ音の変化② **（激音化）**	ㅎ前後に平音ㄱ,ㄷ,ㅂ,ㅈが来ると、それぞれㅋ,ㅌ,ㅍ,ㅊと発音される。 例)「祝賀」축하→ [추카] 「よい」좋다→ [조타]

5）日本語音のハングル転写上の注意点

注意点1

◎「ツ」は쓰で転写するとしているが、他に츠や쯔と書く場合もある。
実際には

| 語頭 | 즈や츠 | 語中 | 쯔や츠 |

で転写されることがよくある。

例）ツシマ（対馬）→쓰시마 / 즈시마 / 츠시마

注意点2

◎日本語の長母音は反映させないと規定している。

例）トウキョウ→도쿄、オオサカ→ 오사카

例外）不都合が生じる場合もある。

注意点3

◎撥音「ン」は常に「ㄴ」で転写する。

例）カンサイ（関西）→간사이

注意点4

◎促音「ッ」は常に「ㅅ」で転写する。

例）ハットリ（服部）→핫토리

トレーニングの進め方

〔学習は１課ごとに進めましょう。〕

ステップ 1　学習内容と文法をチェック

　タイトル（左ページ上）と「文法をおさえよう」（右ページ上）を見て、学習内容と文の語尾・文法を確認します。ここで、どの点が習得すべき事項となるのか大まかな部分を把握します。

ステップ 2　左ページ日本語文を見て　韓国語作文をする

　各課のタイトルとポイントを確認した後に例文に移ります。まず例文一つずつに対し次の作業を行います。

（ⅰ）日本語文を確認。

（ⅱ）自分で文を考えてみる（もしも思い浮かばなければ、すぐにⅲの作業に移る）。

（ⅲ）韓国語文を確認してみる。

　この時点で、学習者の皆さんご自身の考えついた文と照らし合わせてみて、正解なのか否かを確認します。間違った部分や思いつかなかった部分があれば「文法をおさえよう」や「補足メモ」の解説を照合しながら理論的に理解を深めていきます。

ステップ 3　韓国語文を音読する

　まずは、<u>1〜8の文について日本語文と対照しながら韓国語文を音読</u>していきます。この際音声を聴き、韓国語のリズムを確認しながら読んでいくと、発音やイントネーションが理解しやすくなります。8つの文全てに対して詰まることなく読めるようになったことを確認したら、次の練習に移ります。

ステップ 4　音声の日本語文を聴いて反射的に　　　韓国語文に変換する

　<u>日本語文を聴いて、反射的に韓国語文に変換</u>していく練習を行います。
　間違いや詰まる部分がなくマスターできれば、その課はクリアと考えて結構です。もしも変換できない文があれば、変換できるまで練習をしましょう。

ステップ 5　音声を聴いてシャドーイングをする

　文を瞬時に変換できるレベルに達した（基本構文が口に染み付いた）後、仕上げとしてリズムを確認しながら発音します。狙いは、外国人的な発音を矯正し、ネイティブらしいイントネーションを身につけていくことにあります。<u>文の構造と意味を噛みしめながら、音声について声に出す作業（シャドーイング）を行います。</u>耳と口、そして理論（脳）という総合的側面からしっかりとした理解を固め、ネイティブらしい韓国語を身につけていきます。

トレーニングの注意点

1 大きな声を出して練習しよう

　本書はペーパーテストの練習ではなく、**スピーキング力を高める**ための本です。ですので、練習を行う際には、大きな声で読んでいくことが大切です。これは語学学習の中で昔から言われてきたことですが、本書でも同様のことを強調させていただきます。**近年は脳研究の立場からも、声を出して練習する場合の脳の働きは、黙読するよりもはるかに脳の働いていることが報告されています。**単純な話ですが、間違いを恐れずに大きな声で読んでいきましょう。

2 リズムを意識しよう

外国語学習の初級段階では「発音が重要だ」と言われてきたことと思います。正しい発音、きれいな発音というのは重要な要素ではあります。ただし、あまり一つ一の発音に捉われすぎるとかえって構文習得の妨げともなりえます。ヒトの認知構造はある物を**まとまり（チャンク）**として捉える機能が備わっています。よって正しい発音であっても、それがどういうチャンクの中で発せられているのか認識できなければ、その意味が相手にも伝わらなくなります。その点から考えても、流れるリズムという点に意識するといいでしょう。**単語一つ一つ細切れにならないように、できるだけリズミカルに読んでいきましょう。**単語間の息継ぎにあまり長い時間をかけすぎないようにしましょう。

3 全ての文を完璧にマスターしよう

冒頭でもお話しした通り、本書は文法的な体系をしっかり理解し、韓国語コミュニケーションで必要とされる基本構文をスムーズに産出できるようになることを目標としています。しっかり文を習得できているか否か、文の一言一句に間違いや詰まった部分があればしっかりチェックし、修正しましょう。

[無料]音声を聞く方法

音声をスマートフォンや PC で、簡単に聞くことができます。

方法1 ストリーミング再生で聞く場合

面倒な手続きなしにストリーミング再生で聞くことができます。

※ストリーミング再生になりますので、通信制限などにご注意ください。
　また、インターネット環境がない状況でのオフライン再生はできません。

このサイトにアクセスするだけ！ **https://bit.ly/3omysFE**

① 上記サイトに**アクセス！**

② アプリを使う場合は SoundCloud に アカウント登録（無料）

方法2 パソコンで音声ダウンロードする場合

パソコンで mp3 音声をダウンロードして、スマホなどに取り込むことも可能です。
（スマホなどへの取り込み方法はデバイスによって異なります。）

① 下記のサイトにアクセス

https://www.cosmopier.com/
download/4864541558/

② パスワードの【20015】(ニ ゼロ ゼロ イチ ゴ) を入力する

音声は PC の一括ダウンロード用圧縮ファイル（ZIP 形式）でのご提供です。
解凍してお使いください。

音声ファイル番号表

FILE	内容	ページ
1	~(이)라고 / ~(이)라고 하다	36
2	~다니요(라니요?)	38
3	~다고 생각하다/(이)라고 생각하다	40
4	~다니까(요)	42
5	~(으)라	44
6	~(으)래(요)	46
7	~(으)면 되다	48
8	~(으)면 안 되다	50
9	~ㄹ/을래(요)	52
10	~ㄹ/을걸(요)	54
11	~ㄹ/을 리가 없다	56
12	~ㄹ/을지(도) 모르다	58
13	~ㄹ/을 수 밖에 없다	60
14	~ㄹ/을 뿐이다	62
15	~ㄹ/을까 보다	64
16	~나 보다·ㄴ/은가 보다	66
17	~아/어라	68
18	~아/어 버리다	70
19	~아/어 보이다	72
20	~았/었었다	74
21	~아/어야지(요)	76
22	~고 말다	78
23	~고 말겠다	80
24	~고 싶어하다	82
25	~고는 하다	84
26	~게 생겼다	86
27	~기 싫다	88
28	~기 십상이다	90
29	~기 나름이다	92
30	~더라	94
31	~더래	96
32	~는 중이다	98
33	ㄷ変則	100
34	ㅅ変則	102
35	ㅎ変則	104
36	~느라(고)	106
37	~다(가) 보다	108
38	~다시피	110

FILE	内容	ページ
39	~도록	112
40	~고도	114
41	~더라도	116
42	~게	118
43	~더니	120
44	~ㄹ/을지	122
45	~(으)라고	124
46	~(으)라는데	126
47	~ㄹ/을 (未来連体形)	130
48	未来連体形＋때 未来連体形＋때마다 未来連体形＋때까지	132
49	未来連体形＋정도	134
50	未来連体形＋것 없다	136
51	未来連体形＋테니까	138
52	未来連体形＋뻔했다	140
53	未来連体形＋망정	142
54	過去連体形＋후/다음/뒤(에)	144
55	過去連体形＋지	146
56	連体形＋것 같다	150
57	連体形＋것이다	152
58	連体形＋줄 알다·모르다	154
59	連体形＋만큼	156
60	連体形＋적(이) 있다·없다	158
61	~아/어 본 적(이) 있다·없다	160
62	連体形＋모양이다	162
63	連体形＋척하다	164
64	連体形＋편이다	166
65	連体形＋데다(가)	168
66	連体形＋순간	170
07	…고 있다는·…아/어 있다	174
68	~말고と ~아니고/아니라	176
69	~아서/어서と ~니까	178
70	~지 말고と ~지 않고	180
71	~에と ~로	182
72	受身形①	184
73	受身形②	186
74	使役	188
75	~게 하다	190

フレーズトレーニング

FILE	内容	ページ
76	[1]	194
77	[2]	194
78	[3]	195
79	[4]	195
80	[5]	196
81	[6]	196
82	[7]	197
83	[8]	197
84	[9]	198
85	[10]	198
86	[11]	199
87	[12]	199
88	[13]	200
89	[14]	200
90	[15]	201
91	[16]	201
92	[17]	202
93	[18]	202
94	[19]	203
95	[20]	203
96	[21]	204
97	[22]	204
98	[23]	205
99	[24]	205
100	[25]	206
101	[26]	206
102	[27]	207
103	[28]	207
104	[29]	208
105	[30]	208
106	[31]	209
107	[32]	209
108	[33]	210
109	[34]	210
110	[35]	211
111	[36]	211
112	[37]	212
113	[38]	212
114	[39]	213
115	[40]	213
116	[41]	214
117	[42]	214
118	[43]	215
119	[44]	215
120	[45]	216
121	[46]	216
122	[47]	217
123	[48]	217
124	[49]	218
125	[50]	218
126	[51]	219
127	[52]	219
128	[53]	220
129	[54]	220
130	[55]	221
131	[56]	221
132	[57]	222
133	[58]	222
134	[59]	223
135	[60]	223
136	[61]	224
137	[62]	224
138	[63]	225
139	[64]	225
140	[65]	226
141	[66]	226
142	[67]	227
143	[68]	227
144	[69]	228
145	[70]	228
146	[71]	229
147	[72]	230
148	[73]	230
149	[74]	231
150	[75]	231

〔語尾紹介〕
語尾は一目で把握できるようにしています。

〔音声〕
FILE
001 ～ 075
日本語→韓国語の順番で収録されています。

---

1 ～ (이)라고 ～(だ)と？

～ (이)라고 하다 ～という、～だそうだ

🔊 001

① 誕生日が**いつだって？** 〔バンマル〕

② 君の名前が**何だって？** 〔バンマル〕

③ このぽっちゃりしたおじさんがスター**だって？** 〔バンマル〕

④ 私におばさん**だって？** あきれるわね、まったく。〔バンマル〕

⑤ ソジュンってすごく心根の優しい学生**なんだよ。**〔バンマル〕

⑥ 新しく赴任した本部長のチョン・ユンホ(ユノ) 〔니다体〕
と申します。

⑦ シム・チャンミン**と申します。** 〔니다体〕

⑧ 孫正義さんはここの職員ではない**そうです。** 〔니다体〕

＼補足メモ／

③ 통통하다 뚱뚱よりは통통のほうがより可愛い感じがする。陽母音 (ㅗ, ㅏ など) や激音 (ㅌ など) が含まれているほうが陰母音 (ㅜ, ㅓ など)、濃音 (ㄸ など) より明るくて、軽い感じになる。뚱뚱하다 「太っている」 < 통통하다 < 통통하다 「丸々としている」 「ぽっちゃりしている」
④ 나보고 : 「私を見て (私に) 今何と言った？」 というニュアンスで頻繁に使われる。보고の代わりに

(36)

〔補足メモ〕
例文で説明が必要なものについて、ここで簡単な説明をしています。
「 」⇒意味
[ ] ⇒発音

日本語文によっては、ニダ体でもヨ体でも表現できる文章がありますので、〔バンマル〕〔요体〕〔니다体〕マークを入れています。

文法をおさえよう

指定詞(이다,아니다) の語幹 + 라고(하다)

| 名詞の場合 | パッチムなし + 라고 (하다) |
| | パッチムあり + 이라고 (하다) |

※話し言葉に多く用いられ、~라구と表現する場合も多い。
※文末を下げながら少し伸ばすような語調で用いられることもよくある。

〔日本語文・韓国語文〕
変化する部分を分かりやすく太
字にしてあります。
※日本語文で ( ) で囲まれているもの
は、韓国語では省略されているが日本
語にはないと不自然な文になってしま
うものを表します。
※韓国語文で ( ) で囲まれているもの
は省略可能なものを表します。

① 생일이 언제**라고**?

疑問詞 언제・ 語尾 라고?

② 니 이름이 **뭐라고**?

疑問詞 뭐・ 語尾 라고?

③ 이 통통한 아저씨가 스타**라고**?

名詞 스타・ 語尾 라고

④ 나보고 아줌마**라고**? 기가 막혀서, 정말.

名詞 아줌마・ 語尾 라고

⑤ 서준이가 얼마나 착한 학생**이라고**.

名詞 학생・ 語尾 이라고

⑥ 새로 부임한 본부장 정윤호**라고 합니다**.

名詞 정윤호・ 語尾 라고 합니다

⑦ 심창민**이라고 합니다**.

名詞 심창민・ 語尾 이라고 합니다

⑧ 손 마사요시씨는 여기 직원이 **아니라고 합니다**.

基本形 아니다・ 語幹 아니・ 語尾 라고 합니다

本書の上級編では語尾の
理解のため、基本形⇒語
幹 + 語尾を載せています
が、名詞が出る場合、名
詞 + 語尾と表記し、理解
を早めるようにしました。

~더러「~に」「~に対して」「~に向かって」も口語でよく使う。
⑤ 얼마나「どれほど」「どれくらい」「どんなに」:「どれは善良な学生なのか(言うまでもない)」というニュ
アンス。さらに強調すると「(とても) ~다」「(ほんとうに) ~だってば」の意味になる。 / ⑥着
다「善良だ」「お利口だ」「心根が優しい」

Part 1 終結・連結語尾や慣用表現を増やそう!…

本書の構成 **2**

*p.*193 ～ 231
フレーズトレーニング

　ここでは 1 ～ 75 課で紹介した語尾を抜き出したものを配列してあります。音声を聴いて覚えましょう。このトレーニングをすることで本文の作文がしやすくなり、また語尾を集中的に覚えることができます。

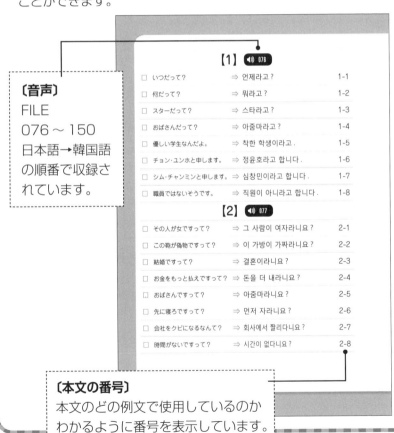

〔音声〕
FILE
076 ～ 150
日本語→韓国語
の順番で収録されています。

【1】 🔊 076

□ いつだって？	⇒ 언제라고？	1-1
□ 何だって？	⇒ 뭐라고？	1-2
□ スターだって？	⇒ 스타라고？	1-3
□ おばさんだって？	⇒ 아줌마라고？	1-4
□ 優しい学生なんだよ。	⇒ 착한 학생이라고.	1-5
□ チョン・ユンホと申します。	⇒ 정윤호라고 합니다.	1-6
□ シム・チャンミンと申します。	⇒ 심창민이라고 합니다.	1-7
□ 職員ではないそうです。	⇒ 직원이 아니라고 합니다.	1-8

【2】 🔊 077

□ その人が女ですって？	⇒ 그 사람이 여자라니요？	2-1
□ この鞄が偽物ですって？	⇒ 이 가방이 가짜라니요？	2-2
□ 結婚ですって？	⇒ 결혼이라니요？	2-3
□ お金をもっと払えですって？	⇒ 돈을 더 내라니요？	2-4
□ おばさんですって？	⇒ 아줌마라니요？	2-5
□ 先に寝ろですって？	⇒ 먼저 자라니요？	2-6
□ 会社をクビになるなんて？	⇒ 회사에서 짤리다니요？	2-7
□ 時間がないですって？	⇒ 시간이 없다니요？	2-8

〔本文の番号〕
本文のどの例文で使用しているのか
わかるように番号を表示しています。

Part **1**

終結・連結語尾や
慣用表現を増やそう！

1

~ (이)라고 ～(だ)と?

~ (이)라고 하다 ～という、～だそうだ

🔊 001

1. 誕生日が**いつだって**？ 〔パンマル〕

2. 君の名前が**何だって**？ 〔パンマル〕

3. このぽっちゃりしたおじさんがスター**だって**？ 〔パンマル〕

4. 私におばさん**だって**？あきれるわね、まったく。〔パンマル〕

5. ソジュンってすごく心根の優しい学生**なんだよ**。〔パンマル〕

6. 新しく赴任した本部長のチョン・ユンホ（ユノ） 〔니다体〕
   と申します。

7. シム・チャンミン**と申します**。 〔니다体〕

8. 孫正義さんはここの職員**ではないそうです**。 〔니다体〕

＼補足メモ／

3 **통통하다**：뚱뚱よりは통통のほうがより可愛い感じがする。陽母音（ㅗ, ㅏなど）や激音（ㅌなど）が含まれているほうが陰母音（ㅜ, ㅓなど）、濃音（ㄸなど）より明るくて、軽い感じになる。**뚱뚱하다**「太っている」＜**뚱뚱하다**＜**통통하다**「丸々としている」「ぽっちゃりしている」

4 **나보고**：「私を見て（私に）今何と言った？」というニュアンスで頻繁に使われる。**보고**の代わりに

36

🔵 文法をおさえよう

指定詞(이다,아니다) の語幹 + 라고(하다)

名詞の場合　パッチムなし + 라고 (하다)
　　　　　　パッチムあり + 이라고 (하다)

※話し言葉に多く用いられ、〜라구と表現する場合も多い。
※文末を下げながら少し伸ばすような語調で用いられることもよくある。

---

① 생일이 **언제라고**?

　　　　　疑問詞 언제 + 語尾 라고 ?

② 니 이름이 **뭐라고**?

　　　　　疑問詞 뭐 + 語尾 라고 ?

③ 이 통통한 아저씨가 스타**라고**?

　　　　　名詞 스타 + 語尾 라고

④ 나보고 아줌마**라고**? 기가 막혀서, 정말.

　　　　　名詞 아줌마 + 語尾 라고

⑤ 서준이가 얼마나 착한 학생**이라고**.

　　　　　名詞 학생 + 語尾 이라고

⑥ 새로 부임한 본부장 정윤호**라고 합니다**.

　　　　　名詞 정윤호 + 語尾 라고 합니다

⑦ 심창민**이라고 합니다**.

　　　　　名詞 심창민 + 語尾 이라고 합니다

⑧ 손 마사요시씨는 여기 직원이 **아니라고 합니다**.

　　　　　基本形 아니다 ⇒ 語幹 아니 + 語尾 라고 합니다

　〜**더러**「〜に」「〜に対して」「〜に向かって」も口語でよく使う。
⑤ **얼마나**「どれほど」「どれくらい」「どんなに」:「どれほ善良な学生なのか(言うまでもない)」というニュアンス。さらに強調すると「(とても) 〜だ」「(ほんとうに) 〜だってば」の意味になる。／🐤**착하다**「善良だ」「お利口だ」「心根が優しい」

2

～다니요(라니요)?

～ですって？、～するなんて、～だなんて

🔊 002

1. その人が女**ですって**？ ほんとうですか？ 〔요体〕

2. この鞄が偽物**ですって**？ そんなはずがないのに。 〔요体〕

3. 結婚**ですって**？ 私はまだ彼女もいないんですけど。 〔요体〕

4. お金をもっと**払えですって**？ さっき払ったでしょ？ 〔요体〕

5. おばさん**ですって**？ 誰を見ておばさんですって？ 〔요体〕

6. 息子が高3なのにお母さん先に**寝ろですって**？ 〔요体〕

7. 何の理由もなく会社を**クビになるなんて**？
それが話になりますか？ 〔요体〕

8. 今日は時間が**ないですって**？ はっきりと
時間があると言ったでしょう。 〔요体〕

＼補足メモ／

② **가짜**「偽物」⟵ 反対 ⟶ **진짜**「本物」「本当」

⑤ **아줌마**「(親戚ではく、知り合いの) おばさん」：**아주머니**を低く言う言葉とされているが、実際、両者の差はほとんどなく、ともに頻繁に使われる。

⑦ **짤리다**：**잘리다**「切られる」「切断される」「解雇される」「やめさせられる」の口語として用いられ

🅒 文法をおさえよう

動詞・形容詞・存在詞の語幹＋**다니(요)** ⑦⑧

【名詞＋指定詞（現在形）の場合】名詞＋**(이)라니(요)** ①②③⑤

※驚いたり感嘆したりする場合や、独り言としてもよく用いる。

動詞・存在詞の語幹＋**(으・아/어)라니(요)** ④⑥

※命令や要請の言葉を聞いて驚いたり感嘆したりする時、他人から聞いた話が初耳でそれについて尋ねる時、「～しろと言ってた？」というニュアンスでよく用いる。

---

① 그 사람이 여자**라니요**? 진짜예요?

> 名詞 **여자**+ 語尾 라니요?

② 이 가방이 가짜**라니요**? 그럴 리가 없는데.

> 名詞 **가짜**+ 語尾 라니요?

③ 결혼**이라니요**? 전 아직 여자친구도 없는데요.

> 名詞 **결혼**+ 語尾 이라니요?

④ 돈을 더 **내라니요**? 아까 냈잖아요?

> 基本形⇒ 내다 語幹 **내**+ 語尾 라니요?

⑤ 아줌마**라니요**? 누구 보러 아줌마래?

> 名詞 **아줌마**+ 語尾 라니요?

⑥ 아들이 고3인데 엄마 먼저 **자라니요**?

> 基本形⇒ 자다 語幹 **자**+ 語尾 라니요?

⑦ 아무 이유도 없이 회사에서 **짤리다니요**? 그게 말이 돼요?

> 基本形⇒ 짤리다 語幹 **짤리**+ 語尾 다니요?

⑧ 오늘은 시간이 **없다니요**? 분명히 시간이 있다고 했잖아요.

> 基本形⇒ 없다 語幹 **없**+ 語尾 다니요?

るケースも少なくない。／**말이 되다** ⇔反対⇒ **말이 안 되다**

⑧ **분명**「直訳：分明」⇒**분명히**「確かに」「はっきりと」／**하다**：**말하다**「言う」「話す」や **생각하다**「考える」「思う」という意味として日常会話で頻繁に使われる。

3

～다고 생각하다 / (이)라고 생각하다

～(だ)と思う、考える

🔊 003

①	私は私が**悪いと思って**いません。　　　　　　　　`요체`
②	それは本心ではなかった**と思います**。　　　　　　`요체`
③	始めは成功する自信が**あると思いました**。　　　　`요체`
④	世の中の全ての男が私を**愛していると思って**いました。　`요체`
⑤	新婚の時は妻が世の中で一番**きれいだと思って**いました。　`요체`
⑥	私も世の中で私が一番**きれいだと思った**ことがありました。　`요체`
⑦	どんな人がいい人**だと思いますか**？　　　　　　　`니다체`
⑧	子供のために、代わりに**死ぬこともできると思って**いらっしゃいますか？　`니다체`

――――\補足メモ/――――

② 그건：그것은の縮約／진심「真心」
③ 처음엔：처음에는の縮約
④ 세상「世の中」：**比較**세계「世界」
⑤ 신혼 때「新婚の時」：신혼의 때と直訳すると不自然なので、そう言わないように注意！

◎ 文法をおさえよう

《形容詞》 | 語幹＋다고 생각하다 |

《動詞》（語幹の最後にパッチム）なし | 語幹＋ㄴ다고 생각하다 |

あり | 語幹＋는다고 생각하다 |

※ ㄹパッチム動詞：語幹からパッチムㄹを脱落させ＋ㄴ다고 생각하다

　　　　例）살다⇒산다고 생각하다

《名詞》（最後の文字にパッチム）なし | 名詞＋라고 생각하다 |

あり | 名詞＋이라고 생각하다 |

---

① 저는 제가 **나쁘다고 생각하지** 않아요.

基本形 나쁘다⇒ 語幹 **나쁘**＋ 語尾 다고 생각하지

② 그건 진심이 아니었을 거**라고 생각해요**.

名詞 거＋ 語尾 라고 생각해요 (名詞 것＋ 語尾 이라고 생각해요)

③ 처음엔 성공할 자신이 **있다고 생각했어요**.

基本形 있다⇒ 語幹 **있**＋ 語尾 다고 생각했어요

④ 세상 모든 남자들이 날 **사랑한다고 생각했어요**.

基本形 사랑하다 ⇒ 語幹 **사랑하**＋ 語尾 ㄴ다고 생각했어요

⑤ 신혼 때는 아내가 세상에서 제일 **예쁘다고 생각했어요**.

基本形 예쁘다⇒ 語幹 **예쁘**＋ 語尾 다고 생각했어요

⑥ 저도 세상에서 제가 제일 **예쁘다고 생각한** 적이 있었어요.

基本形 예쁘다⇒ 語幹 **예쁘**＋ 語尾 다고 생각한

⑦ 어떤 사람이 좋은 사람**이라고 생각합니까**?

名詞 **사람**＋ 語尾 이라고 생각합니까?

⑧ 자식을 위해(서) 대신 **죽을 수(도) 있다고 생각하십니까**?

基本形 있다⇒ 語幹 **있**＋ 語尾 다고 생각하십니까?

---

⑥ 60課「**～적이 있다**」をチェック！

⑧ **자식**「子供（直訳：子息）」／ **～를/을 위해(서)**「～のため（に）」

4 ~ 다니까(요)

～するってば、～と言ったら、～ってば、
～と言われて、～だと言うから

🔊 004

| ① | 前はほんとうに**やせていたってば**！ | パンマル |

| ② | ジミンは家から1時間前に**出発したってば**！ | パンマル |

| ③ | これから**頑張ると言うので**(直訳：一生懸命にやると言うので)、一度見守ってみましょうよ。 | 요体 |

| ④ | さんまさんの歯はそんなに**出っ張ってないですってば**。 | 요体 |

| ⑤ | 日本語が思ったよりすごく**難しかったですってば**。 | 요体 |

| ⑥ | 日本に来て最初は牛丼ばかりずっと**食べていましたよ**。 | 요体 |

| ⑦ | 夫のご両親が結婚は絶対ダメだと**おっしゃいましたってば**！ | 요体 |

| ⑧ | 私の彼が結婚してくれないと**死ぬと言ったら**許可して**くださいました**。 | 요体 |

―――\補足メモ/―――

① 예전엔：예전에는の縮約／마르다「やせる」「枯れる」「乾く」「渇く」：過去形⇒말랐다
③ 열심히「一生懸命に（直訳：熱心に）」／보죠：보지요の縮約
④ 삼마씨：「さんまさん」はここでは삼마씨と表記した。산마よりも삼마のほうが発音した時に自然に聞こえる。／별로「べつに」「さほど」

🟢 文法をおさえよう

☆伝言の間接話法

《形容詞》 語幹+**다니까(요)**

《動詞》 ✱（語幹の最後にパッチム）なし 語幹+**ㄴ다니까(요)**

あり 語幹+**는다니까(요)**

※ㄹパッチム動詞：語幹からパッチムㄹを脱落させ+**ㄴ다니까(요)** 例）살다⇒산다니까(요)

※過去形 ✱（語幹の最後に⊥か ㅏ）あり 語幹+**았다니까(요)**

なし 語幹+**었다니까(요)**

※未来形⇒**다**の前に**겠**を入れる ※ ~다니까←~다고 하니까の縮約 ③⑧

---

① 예전엔 진짜 **말랐었다니까**!

基本形 마르다⇒ 語幹 **마르**+ 語尾 **ㄹ랐었다니까** 脱落

② 지민이는 집에서 1시간 전에 **출발했다니까**!

基本形 출발하다⇒ 語幹 **출발하**+ 語尾 **였다니까**

③ 앞으로 열심히 **하겠다니까** 한 번 지켜 보죠.

基本形 하다⇒ 語幹 **하**+ 語尾 **겠다니까**

④ 삼마씨 이빨은 별로 안 **튀어나왔다니까요**.

基本形 튀어나오다⇒ 語幹 **튀어나오**+ 語尾 **았다니까**

⑤ 일본말이 생각보다 굉장히 **어려웠다니까요**.

基本形 어렵다⇒ 語幹 **어렵**+ 語尾 **웠다니까요** 脱落

⑥ 일본에 와서 처음에는 규동만 계속 **먹었다니까요**.

基本形 먹다⇒ 語幹 **먹**+ 語尾 **었다니까요**

⑦ 시부모님이 결혼은 절대로 안 된다고 **말씀하셨다니까요**!

基本形 말씀하시다⇒ 語幹 **말씀하시**+ 語尾 **었다니까요**

⑧ 우리 그이가 결혼 안 해 주면 **죽겠다니까** 허락해 주셨어요.

基本形 죽다⇒ 語幹 **죽**+ 語尾 **겠다니까**

---

⑤ **일본말**：「日本語」の直訳は**일본어**だが、**일본말**「日本の言葉」も「日本語」と訳される。

⑥ **규동**：「牛丼」に当たる韓国のメニューは、**소고기덮밥**「直訳：牛肉のどんぶり」と言う。

⑧ **그이**「女性が彼氏や旦那を指して使う呼称」／**허락**「直訳:許諾」「許し」：参考 **허가**「直訳：許可」：
허락(을) 받다「許しを得る」 **허락되다**「許される」「許諾される」

5 ~(으)라

～しなさい、～しろ

🔊 005

① **耐えなさい**。　　　　　　　　　　　　　　　　パンマル

② **愛せよ**。　　　　　　　　　　　　　　　　　　パンマル

③ 人間らしく**生きなさい**。　　　　　　　　　　　パンマル

④ みんな一斉に**攻撃せよ**。　　　　　　　　　　　パンマル

⑤ 諸君は私の言うことをよく**聞け**。　　　　　　　パンマル

⑥ **乞うご期待**、封切迫る。　　　　　　　　　　　パンマル

⑦ あなたたちに祝福**あれ**。　　　　　　　　　　　パンマル

⑧ いつも喜べ、全てのことに**感謝せよ**。　　　　　パンマル

―――\補足メモ/――――

①②③⑦⑧ 大勢の人を相手に要求する時、ある状況になることを希望する時。④⑤ 聞き手に権威をもっ
　て命令する時。⑥ CM で用いられる表現。⑦⑧ 教会で用いられる表現。
① 🐮 참다 「耐える」「我慢する」
③ 🐮 인간답다 「人間らしい」（ㅂ変則）：ヨ体⇒**인간다워요**

44

② 文法をおさえよう

＊（語幹の最後にパッチム）なし 　語幹＋**라**

　　　　あり 　語幹＋**으라**

※ **ㄹ**パッチム用言：パッチムなし用言と同じ接続　例）살다⇒살라

※文語に近いニュアンスの命令形。新聞などの書き言葉で用いられ、スローガン、CM、デモの場、教会、時代劇でよく使われる。

※間接引用・間接命令

※17課参照

---

① **참으라**.

基本形 참다⇒ 語幹 **참**＋ 語尾 **으라**

② **사랑하라**.

基本形 사랑하다⇒ 語幹 **사랑하**＋ 語尾 **라**

③ 인간답게 **살라**.

基本形 살다⇒ 語幹 **살**＋ 語尾 **ㄹ라** 脱落

④ 모두 일제히 **공격하라**.

基本形 공격하다⇒ 語幹 **공격하**＋ 語尾 **라**

⑤ 제군들은 내 말을 잘 **들으라**.

基本形 듣다⇒ 語幹 **듣**＋ 語尾 **ㄹ으라** 脱落

⑥ **기대하시라**, 개봉박두.

基本形 기대하시다⇒ 語幹 **기대하시**＋ 語尾 **라**

⑦ 그대들에게 축복이 **있으라**.

基本形 있다⇒ 語幹 **있**＋ 語尾 **으라**

⑧ 항상 기뻐하라, 모든 일에 **감사하라**.

基本形 감사하다⇒ 語幹 **감사하**＋ 語尾 **라**

---

④ **모두**「皆」「全ての人」「全て」

⑤ **⑭듣다**「聞く」「効く」：命令形⇒**들으라**　時代劇に頻繁に使われる。**들어라**が一般的。

⑥ 普通の直接命令であれば**기대해라！**になるが、CMのお客さんを対象にするので、**기대하시라**に尊敬を表す**시**を付けて**기대하시라**になる。／**개봉박두**「直訳：開封迫頭」

6

~(으)래(요)

~しろって、~しろって言ってる

🔊 006

① どこに**座れって**？ ﾊﾞﾝﾏﾙ

② だから、誰がそれを**買えって言った**？ ﾊﾞﾝﾏﾙ

③ だから、誰がついて**来いって言った**？ ﾊﾞﾝﾏﾙ

④ ママが１日中家に**いろって**。 ﾊﾞﾝﾏﾙ

⑤ 彼氏が**知らないふりしろって**。 ﾊﾞﾝﾏﾙ

⑥ 明日の午後３時頃に**電話しろって**。 ﾊﾞﾝﾏﾙ

⑦ パパが他の男たちには**気を付けろって**。 ﾊﾞﾝﾏﾙ

⑧ お母さんが家の前で**待ちなさいって**。 ﾊﾞﾝﾏﾙ

\ 補足メモ /

② 「誰が買えと言った？ 好きで買ったんでしょ？」という意味。
③ 「誰がついて来いと言った？ 好きでついて来たんでしょ？」という意味。
⑥ 쯤「ほど」「くらい」「ころ」：名詞・代名詞について程度を表す助詞。

🥈 文法をおさえよう

★(語幹の最後にパッチム)なし | 語幹 + 래(요)

あり | 語幹 + 으래(요)

※ ㄹ パッチム用言：パッチムなし用言と同じ接続　例）살다⇒살래

※内容を強く否定する時や疑問を呈する時に使用。

※他人の言葉を引用して伝える時や尋ねる時に使用。

（例）となりのおじさんが私に保証人になってくれって。
옆 집 아저씨가 나한테 보증인이 돼 달래.

---

① 어디 **앉으래** ?

基本形 앉다⇒ 語幹 **앉** + 語尾 **으래**

② 그러니까 누가 그걸 **사래** ?

基本形 사다⇒ 語幹 **사** + 語尾 **래**

③ 그러니까 누가 따라 **오래** ?

基本形 오다⇒ 語幹 **오** + 語尾 **래**

④ 엄마가 하루종일 집에 **있으래** .

基本形 있다⇒ 語幹 **있** + 語尾 **으래**

⑤ 남자친구가 **모르는 척하래** .

基本形 척하다⇒ 語幹 **척하** + 語尾 **래**

⑥ 내일 오후 3 시쯤에 **전화하래** .

基本形 전화하다⇒ 語幹 **전화하** + 語尾 **래**

⑦ 아빠가 다른 남자들은 **조심하래** .

基本形 조심하다⇒ 語幹 **조심하** + 語尾 **래**

⑧ 엄마가 집 앞에서 **기다리래** .

基本形 기다리다 ⇒ 語幹 **기다리** + 語尾 **래**

7

~ (으)면 되다

~すればいい、～ならば大丈夫だ、～ければいい

🔊 007

① 何でも**努力すればできる**！ `パンマル`

② つらいのなら**別れればいい**。 `パンマル`

③ 食べたければ**食べればいい**。 `パンマル`

④ 手ぶらで**いらっしゃればいいですよ**。 `요体`

⑤ 銀行に**行けばいいですよ**。 `요体`

⑥ どこに**電話すればいいですか**？ `요体`

⑦ 交通の便さえ**よければ大丈夫です**。 `요体`

⑧ 5分だけ**待っていればいいです**。 `니다体`

—— 補足メモ ——

① 뭐든지「何でも」：무엇이든지の縮約
② 힘들다「つらい」「しんどい」「大変だ」：「苦労する」「（状況などが）手に負えない、難しい」という
　場面でも頻繁に用いられる。
④ 그냥「ただ」「何となく」「理由なく」

48

🔵 文法をおさえよう

✳（語幹の最後にパッチム）なし   語幹+**면 되다**

あり   語幹+**으면 되다**

※ ㄹパッチム用言：パッチムなし用言と同じ接続   例）살다⇒살면 되다

※ㅋ体⇒**돼요**、ニダ体⇒**됩니다.**

---

① 뭐든지 **노력하면 돼**!

基本形 노력하다⇒ 語幹 **노력하**+ 語尾 **면 돼**

② 힘들면 **헤어지면 돼**.

基本形 헤어지다⇒ 語幹 **헤어지**+ 語尾 **면 돼**

③ 먹고 싶으면 **먹으면 돼**.

基本形 먹다⇒ 語幹 **먹**+ 語尾 **으면 돼**

④ 그냥 **오시면 돼요**.

基本形 오시다⇒ 語幹 **오시**+ 語尾 **면 돼요**

⑤ 은행으로 **가면 돼요**.

基本形 가다⇒ 語幹 **가**+ 語尾 **면 돼요**

⑥ 어디로 **전화하면 돼요**?

基本形 전화하다⇒ 語幹 **전화하**+ 語尾 **면 돼요**?

⑦ 교통만 **편리하면 돼요**.

基本形 편리하다⇒ 語幹 **편리하**+ 語尾 **면 돼요**

⑧ 5분만 **기다리면 됩니다**.

基本形 기다리다⇒ 語幹 **기다리**+ 語尾 **면 됩니다**

---

8 ~ (으)면 안 되다

~してはいけない、~してはだめだ、
~するとだめだ

🔊 008

☐ 1 勝手に**触ってはいけません**。　　　　　　　　　　　　`요체`

☐ 2 ここに**駐車してはいけません**。　　　　　　　　　　　`요체`

☐ 3 おじさん！ 道で**寝てはいけません**。　　　　　　　　　`요체`

☐ 4 おばさん！ ここでこんなに**騒いではいけません**。　　　`요체`

☐ 5 この言葉はあまり強く**発音してはいけません**。　　　　`요체`

☐ 6 教室で携帯電話を**使用してはいけません**。　　　　　　`요체`

☐ 7 お父さん！ お酒をあまり**召し上がり過ぎては**　　　　`요체`
　　いけません。おわかりですよね？

☐ 8 私はその人**でないとだめです**。　　　　　　　　　　　`니다체`

───＼補足メモ╱───

1 함부로「勝手に」「むやみに」「みだりに」「やたらに」
2 이 곳「ここ」：이「この」＋ 곳「所」 参考 그 곳「そこ」 저 곳「あそこ」
4 基 떠들다「騒ぐ」
5 말「言葉」「語」／基 강하다「強い」：강「強」＋ 하다「する」「やる」⇐ 反対 ⇒ 약하다「弱い」：약「弱」

50

🌑 文法をおさえよう

✳ (語幹の最後にパッチム)なし | 語幹+**면 안 되다**

あり | 語幹+**으면 안 되다**

※ **ㄹ**パッチム用言:パッチムなし用言と同じ接続　例) 살다⇒살면 안 되다

＜反対＞ ~ **아/어도 되다**「~してもよい」

※過去形「~したならだめだ」⇒**았/었으면 안 되다**

---

① 함부로 **만지면 안 돼요**.

　　　基本形 만지다⇒ 語幹 **만지**+ 語尾 **면 안 돼요**

② 이 곳에 **주차하면 안 돼요**.

　　　基本形 주차하다⇒ 語幹 **주차하**+ 語尾 **면 안 돼요**

③ 아저씨! 길에서 **주무시면 안 돼요**.

　　　基本形 주무시다⇒ 語幹 **주무시**+ 語尾 **면 안 돼요**

④ 아줌마! 여기서 이렇게 **떠들면 안 돼요**.

　　　基本形 떠들다⇒ 語幹 **떠들**+ 語尾 **ㄹ면 안 돼요**
　　　　　　　　　　　　　　　　└→脱落

⑤ 이 말은 너무 강하게 **발음하면 안 돼요**.

　　　基本形 발음하다⇒ 語幹 **발음하**+ 語尾 **면 안 돼요**

⑥ 교실에서 휴대전화를 **사용하면 안 돼요**.

　　　基本形 사용하다⇒ 語幹 **사용하**+ 語尾 **면 안 돼요**

⑦ 아버지! 술 너무 많이 **드시면 안 돼요**. 아셨죠?

　　　基本形 드시다⇒ 語幹 **드시**+ 語尾 **면 안 돼요**

⑧ 전 그 사람 (이) **아니면 안 됩니다**.

　　　基本形 아니다⇒ 語幹 **아니**+ 語尾 **면 안 됩니다**

「弱」 + **하다**

9 ~ ㄹ/을래(요)

~するつもりだ、~するつもり?、
~します、~しましょうか?

🔊 009

---

① 私、先に家に**帰るね**。 　　　　　　　　　　パンマル

---

② 二度と**愛すること**はしない。 　　　　　　　　パンマル

---

③ 私これ以上**だまされない**わ。 　　　　　　　　パンマル

---

④ 私そんなの**信じない**わ。 　　　　　　　　　　パンマル

---

⑤ 一度一緒に**やってみない**? 　　　　　　　　　パンマル

---

⑥ ご飯**食べるか**?(それとも)私と一緒に**死ぬか**? 　パンマル

---

⑦ 私たち**付き合いましょうか**? 　　　　　　　　ヨ体

---

⑧ これをお**召し上がりになりますか**? 　　　　　　ヨ体

補足メモ

② **다시**「再び」「もう一度」:「やり直し」という意味としても頻繁に使われる。

③ **더 이상**「これ以上」: **더**「もっと」+ **이상**「以上」

④ **그런 거**「そんなの」「直訳:そのようなこと」

⑥ 基 **먹다**「食べる」:参考 尊敬語 **드시다**「召し上がる」/ 基 **죽다**「死ぬ」/ ドラマ「ごめん、愛してる」

ⓒ 文法をおさえよう

> ＊ (語幹の最後にパッチム) なし | 語幹 + ㄹ 래 (요)
>
> あり | 語幹 + 을 래 (요)

※ ㄹ パッチム用言：語幹からパッチム ㄹ を脱落させ + ㄹ 래 (요)

     例) 살다⇒살래 (요)

※ 今後やることについての自分の意思を表す時や、相手の意思を確認する時、
自分の経験を相手に勧める時によく用いられる。

※ 三人称では使えない。

---

① 나 먼저 집에 **갈래**.

    [基本形] 가다⇒ [語幹] **가**+ [語尾] **ㄹ래**

② 다시는 **사랑 안 할래**.

    [基本形] 하다⇒ [語幹] **하**+ [語尾] **ㄹ래**

③ 나 더 이상 **속지 않을래**.

    [基本形] 않다⇒ [語幹] **않**+ [語尾] **을래**

④ 나 그런 거 **믿지 않을래**.

    [基本形] 않다⇒ [語幹] **않**+ [語尾] **을래**

⑤ 한 번 같이 **해 보지 않을래**?

    [基本形] 않다⇒ [語幹] **않**+ [語尾] **을래**

⑥ 밥 **먹을래**? 나랑 같이 **죽을래**?

    [基本形] 먹다⇒ [語幹] **먹**+ [語尾] **을래**　[基本形] 죽다⇒ [語幹] **죽**+ [語尾] **을래**?

⑦ 우리 **사귈래요**?

    [基本形] 사귀다⇒ [語幹] **사귀**+ [語尾] **ㄹ래요**?

⑧ 이거 **드실래요**?

    [基本形] 드시다⇒ [語幹] **드시**+ [語尾] **ㄹ래요**?

(2004年) などでも使われているセリフ。「それとも」にあたる**아니면**は⑥では省略されている。

10 ~ ㄹ/을걸(요)

~だろう、~すればよかった、~と思うよ

🔊 010

① 連絡しなければよかった。

② 今ごろだったら**到着しただろう**。 バンマル

③ 少しずつ**食べればよかった**。 バンマル

④ もうちょっと一生懸命に**勉強すればよかった**。 バンマル

⑤ 息子が小遣いをくれる時に**もらえばよかった**。 バンマル

⑥ その人の電話を**待っていればよかった**。 バンマル

⑦ たぶん東方神起(の)コンサート(の)チケットは
全部**売れただろう**。 バンマル

⑧ 防弾少年団(の)ファンミーティング(の)チケットも
ないでしょう。 요体

――\補足メモ/―――

① 基 연락하다 [열라카다]
⑤ 용돈 [용똔] 「お小遣い」: 용 「用」 + 돈 「お金」
⑦ 표 「切符」「チケット」: 参考 티켓 「チケット」 (⑧も同様)
⑧ 팬 [펜] : [ファン] と発音しても通じないので注意！

ⓒ 文法をおさえよう

✳ 語幹の最後にパッチムなし 　語幹＋ㄹ걸(요)

**　　　　　　　　あり** 　語幹＋을걸(요)

※ ㄹパッチム用言：語幹からパッチムㄹを脱落させ＋ㄹ걸(요)

　　　　例）살다⇒살걸(요)

※不確かな推量を表す時⇒-ㄹ/을걸の後に尊敬を表す요をつけることが可能。
　主に話し言葉で用いられ、語尾は上げる。　②⑦⑧

※過去形⇒았/었을걸(요)

---

① 연락하지 **말걸**.

　　　　基本形 말다⇒ 語幹 **말**+ 語尾 **ㄹ걸**
　　　　　　　　　　　　 脱落

② 지금쯤이면 **도착했을걸**.

　　　　基本形 도착하다⇒ 語幹 **도착하**+ 語尾 **였을걸**

③ 조금씩 **먹을걸** 그랬어.

　　　　基本形 먹다⇒ 語幹 **먹**+ 語尾 **을걸 그랬어**

④ 조금 더 열심히 **공부할걸**.

　　　　基本形 공부하다⇒ 語幹 **공부하**+ 語尾 **ㄹ걸**

⑤ 아들이 용돈을 줄 때 **받을걸**.

　　　　基本形 받다⇒ 語幹 **받**+ 語尾 **을걸**

⑥ 그 사람 전화를 **기다릴걸** 그랬어.

　　　　基本形 기다리다⇒ 語幹 **기다리**+ 語尾 **ㄹ걸**

⑦ 아마 동방신기 콘서트 표는 다 **팔렸을걸**.

　　　　基本形 팔리다⇒ 語幹 **팔리**+ 語尾 **었을걸**

⑧ 방탄소년단 팬미팅 표도 **없을걸요**.

　　　　基本形 없다⇒ 語幹 **없**+ 語尾 **을걸요**

11 ~ ㄹ/을 리가 없다

~するはずがない、~するわけがない

◀)) 011

1. **そんなはずがない**のになぁ。

2. このスカートがこんなに**小さいはずがないのにね。**

3. その人はお金が**あるはずがない。**

4. 私を捨てて**去って行ったはずがない。**これは嘘だよ。

5. 今この時間に夫がデパートに**いるはずがないのに。**

6. その人が私を**裏切るはずがないです。**

7. ウソンさんが整形手術を**したはずがないです。**

8. スヒョンさんが**嘘をつくはずがないです。** 요체

補足メモ

2 **치마**「スカート」：英語 skirt をそのまま使って**스커트**とも言う。／**작다**「小さい」：比較 **적다**「少ない」

4 **떠나다**「去る」／**거짓말이야 [거진마리야]**

7 **성형수술**「直訳：成形手術」：現在、美容整形を意味するのが一般的。参考 **성형외과**「直訳：成形外科」：現在、美容整形などを行う科を意味するのが一般的。**정형외과**「整形外科」：運動器官の障害などの予防、

😊 文法をおさえよう

✴（語幹の最後にパッチム）なし | 語幹 + ㄹ 리가 없다

あり | 語幹 + 을 리가 없다

※ ㄹパッチム用言：語幹からパッチムㄹを脱落させ + ㄹ 리가 없다

　　例）알다⇒알 리가 없다

※過去形 ⇒ 았/었을 리가 없다

---

① **그럴 리가 없는데**.

基本形 그렇다⇒ 語幹 그렇 + 語尾 ㄹ 리가 없는데
脱落

② 이 치마가 이렇게 **작을 리가 없는데**.

基本形 작다⇒ 語幹 작 + 語尾 을 리가 없는데

③ 그 사람은 돈이 **있을 리가 없어**.

基本形 있다⇒ 語幹 있 + 語尾 을 리가 없어

④ 날 버리고 **떠났을 리가 없어**. 이건 거짓말이야!

基本形 떠나다⇒ 語幹 떠나 + 語尾 았을 리가 없어

⑤ 지금 이 시간에 남편이 백화점에 **있을 리가 없는데**.

基本形 있다⇒ 語幹 있 + 語尾 을 리가 없는데

⑥ 그 사람이 나를 **배신할 리가 없어요**.

基本形 배신하다⇒ 語幹 배신하 + 語尾 ㄹ 리가 없어요

⑦ 우성씨가 성형수술을 **했을 리가 없어요**.

基本形 하다⇒ 語幹 하 + 語尾 였을 리가 없어요

⑧ 수현씨가 **거짓말을 할 리가 없어요**.

基本形 하다⇒ 語幹 하 + 語尾 ㄹ 리가 없어요

治療などが専門。

12 ~ ㄹ/을지(도) 모르다

～するかもしれない、～するか心配だ

🔊 012

1 家に一人で**いるかもしれない。** `パンマル`

2 一生君を**忘れられないかもしれない。** `パンマル`

3 これが最後の**チャンスかもしれない。** `パンマル`

4 別れたとたん他の人が**できたかもしれない。** `パンマル`

5 お父さんは出生の秘密について**ご存じかもしれません。** `요体`

6 すでに**到着したかもしれません。** `니다体`

7 セールはすでに**終わったかもしれません。** `니다体`

8 料理が口に**合うか(どうか)分かりません。** `니다体`

── 補足メモ ──

3 **이게**「これが」: **이것이**の縮約。日常会話では**이게**のほうがよく使われている。／**마지막**「最後」／**기회**「直訳：機会」「チャンス」：参考 **찬스**「チャンス」

5 **~ 에 대해(서)**「直訳：～に対して」: **~ 에 관해서**「～に関して」「～について」という意味としてもよく使われる。

58

😊 文法をおさえよう

✱（語幹の最後にパッチム）なし ┃語幹＋ㄹ지(도) 모르다┃

　　　　　　　　あり ┃語幹＋을지(도) 모르다┃

※ ㄹパッチム用言：語幹からパッチムㄹを脱落させ＋ㄹ/을지(도) 모르다
　　　例) 살다⇒살지(도) 모르다

※ ㄷ変則用言：語幹のパッチムㄷの後ろに으が来ると、ㄷ⇒ㄹに変化
　　　例) 듣다⇒들을지(도) 모르다

※過去形 ⇒ 았/었을지(도) 모르다

---

① 집에 혼자 **있을지도 몰라**.

> 基本形 있다⇒ 語幹 **있**+ 語尾 을지도 몰라

② 평생 널 **못 잊을지도 몰라**.

> 基本形 잊다⇒ 語幹 **잊**+ 語尾 을지도 몰라

③ 이게 마지막 **기회일지 몰라**.

> 基本形 이다⇒ 語幹 **이**+ 語尾 ㄹ지 몰라

④ 헤어지자마자 다른 사람이 **생겼을지 몰라**.

> 基本形 생기다⇒ 語幹 **생기**+ 語尾 었을지 몰라

⑤ 아버지는 출생의 비밀에 대해 **아실지도 몰라요**.

> 基本形 아시다⇒ 語幹 **아시**+ 語尾 ㄹ지도 몰라요

⑥ 벌써 **도착했을지도 모릅니다**.

> 基本形 도착하다⇒ 語幹 **도착하**+ 語尾 였을지도 모릅니다

⑦ 세일은 이미 **끝났을지 모릅니다**.

> 基本形 끝나다⇒ 語幹 **끝나**+ 語尾 았을지 모릅니다

⑧ 요리가 입에 **맞을지 모르겠습니다**.

> 基本形 맞다⇒ 語幹 **맞**+ 語尾 을지 모르겠습니다

---

⑦ 세일「セール」：세일を濃音化して[쎄일]と言う場合が多い。他に버스「バス」を[뻐스]と発音するなど。

⑧ 🔟 맞다 [맏따]「合う」「当たる」「合っている」「正しい」：また「殴られる」「打たれる」の意味としても頻繁に使われる。

13 ~ㄹ/을 수 밖에 없다

~するしかない、~せざるを得ない

🔊 013

---

① 私を苦しめるから**嫌いになるしか**(ないでしょう)。

---

② あきれて**笑うしかなかった**。

---

③ その場から**逃げるしかなかった**。

---

④ しょっちゅう会えないと愛は**冷めるしかない**。

---

⑤ その時は**そうするしかなかった**。許して。

---

⑥ 酒席ではお酒をたくさん**飲まざるを得ません**(飲むしか ありません)。

---

⑦ クレジットカードをたくさん使っているので 借金が**増えざるを得ません**。 요체

---

⑧ メッセージを考えておいてもスターの前では **忘れてしまいます**。 요체

＼補足メモ／

① 싫어지다「嫌になる」「嫌いになる」: **基** 싫다「嫌だ」「嫌いだ」＋ 지다
② 어이(가) 없다「あっけない」「あきれる」
③ 자리「席」「場」「場所（直訳：장소）」「位置」「地位（直訳：지위）」
④ **基** 식다「冷める」「冷える」: 사랑이 식다「愛が冷める」

② 文法をおさえよう

✕（語幹の最後にパッチム）なし ┃ 語幹+ㄹ 수 밖에 없다 ┃

　　　　　　　あり ┃ 語幹+을 수 밖에 없다 ┃

※ ㄹパッチム用言：語幹からパッチムㄹを脱落させ+ㄹ 수 밖에 없다
　　例）살다⇒살 수 밖에 없다

---

① 나를 괴롭히니까 **싫어질 수 밖에**.

　　　基本形 싫어지다⇒ 語幹 싫어지+ 語尾 ㄹ 수 밖에

② 어이가 없어(서) **웃을 수 밖에 없었다**.

　　　基本形 웃다⇒ 語幹 웃+ 語尾 을 수 밖에 없었다

③ 그 자리에서 **도망칠 수 밖에 없었다**.

　　　基本形 도망치다⇒ 語幹 도망치+ 語尾 ㄹ 수 밖에 없었다

④ 자주 못 만나면 사랑이 **식을 수 밖에 없다**.

　　　基本形 식다⇒ 語幹 식+ 語尾 을 수 밖에 없다

⑤ 그 때는 **그럴 수 밖에 없었다**. 용서해라.

　　　基本形 그렇다⇒ 語幹 그렇+ 語尾 ㄹ 수 밖에 없었다
　　　　　　　　　　　　　　　↳脱落

⑥ 술자리에서는 술을 많이 **마실 수 밖에 없어요**.

　　　基本形 마시다⇒ 語幹 마시+ 語尾 ㄹ 수 밖에 없어요

⑦ 신용카드를 많이 쓰니까 빚이 **늘어날 수 밖에 없어요**.

　　　基本形 늘어나다⇒ 語幹 늘어나+ 語尾 ㄹ 수 밖에 없어요

⑧ 메세지를 생각해 놓아도 스타 앞에서는 **잊어 버릴 수 밖에 없어요**. 　基本形 버리다⇒ 語幹 버리+ 語尾 ㄹ 수 밖에 없어요

---

⑤ 基 그렇다「そうだ」「そのとおりだ」
⑥ 술자리「酒席」：「飲み会」「飲む席」とも訳される。⑦ 늘어나다「増える」「伸びる」「長くなる」
⑧ 메세지：外来語表記法では메시지が正しいが、実際には 메세지も多く使われる。／基 잊어 버리다
「(目に見えない記憶などを) 忘れてしまう」：比較 基 잃어버리다「(物などを) なくしてしまう」

14 ~ ㄹ/을 뿐이다

～する他ない、(他に方法がなく)～するしかない、
～するだけだ、～するのみである

🔊 014

---

① 私にはほんとうに**君だけだよ**！ `パンマル`

---

② 私はただ君のそばに**いるだけだよ**。 `パンマル`

---

③ 私だけ愛してくれることを**望むだけだ**。 `パンマル`

---

④ 私が信じている人は唯一**私だけだ**。 `パンマル`

---

⑤ 私が持っているのはハンサムな**外見だけだ**。 `パンマル`

---

⑥ 一緒に**行っただけです**。 `요体`

---

⑦ 何も言わずに**泣いてばかりです**。 `요体`

---

⑧ 私たちはただの親しい友達の**仲であるだけです** `요体`

（関係にすぎません）。

\補足メモ/

② 그냥「ただ」「何となく」「理由なく」「そのまま」「ありのまま」／니：もともとは너「君」「お前」
の方言で、네の口語体として頻繁に使われるようになった。네と내「私の」の発音が区別しにくいため、
니を使う場合が多い。／옆「そば」「横」：人以外に物にも使えるが、곁「そば」「横」は人だけに使い、
K-POP の歌詞やドラマに登場する。

❷ 文法をおさえよう

✶(語幹の最後にパッチム)なし | 語幹＋**ㄹ 뿐이다**

あり | 語幹＋**을 뿐이다**

※ ㄹパッチム用言：語幹からパッチム ㄹを脱落させ＋**ㄹ 뿐이다**
　　　　　　　例) 살다⇒살 뿐이다

※過去形⇒ **았/었을 뿐이다** 例) 먹었을 뿐이다, 작았을 뿐이다

※뿐は名詞に付き、「～のみ」「～だけ」という意味でも用いられる。

---

① 내겐 진짜 **너뿐이야** !

　　　　　　名詞 너+ 語尾 **뿐이야**

② 난 그냥 니 곁에 **있을 뿐이야** .

　　　　　　基本形 있다⇒ 語幹 있+ 語尾 을 **뿐이야**

③ 나만 사랑해 주기를 **바랄 뿐이야** .

　　　　　　基本形 바라다⇒ 語幹 바라+ 語尾 ㄹ **뿐이야**

④ 내가 믿는 사람은 오직 **나뿐이다** .

　　　　　　名詞 나+ 語尾 **뿐이다**

⑤ 내가 가진 건 잘생긴 **외모뿐이다** .

　　　　　　名詞 외모+ 語尾 **뿐이다**

⑥ 같이 **갔을 뿐이에요** .

　　　　　　基本形 가다⇒ 語幹 가+ 語尾 **갔을 뿐이에요**

⑦ 아무 말도 없이 **울기만 할 뿐이에요** .

　　　　　　基本形 하다⇒ 語幹 하+ 語尾 ㄹ **뿐이에요**

⑧ 우린 그냥 친한 친구 **사이일 뿐이에요** .

　　　　　　基本形 이다⇒ 語幹 이+ 語尾 ㄹ **뿐이에요**

---

③ ~만 「～だけ」「～のみ」「～ばかり」

④ 오직 「ただ」「ひたすらに」

⑦ 麪울다 「泣く」⇒울기 「泣くこと」：基本形から다を取って、 ~기を付けると 「～すること」 のように名詞化される。 ＜反対＞ 웃다 「笑う」⇒웃기 「笑うこと」

15 ~ ㄹ/을까 보다

~だろうかと思う、~だと判断する、
~かと思う、~しようかと思う

🔊 015

①	やっぱり**やめようかと思う**。	

②	家で漫画の本でも**読もうかな**。	

③ どちらにしても、その人を**諦めなければ
ならないかと思う**。

④ なぜ電話したの？
ーうん、お母さんが**心配するかと思って**。

⑤ 病院に**行かなくちゃいけないだろうなと
思います**。

⑥ 明日は家でゆっくり**休もうかと思います**。

⑦ **振られるんじゃないかと思い**、怖くて告白
できませんでした。

⑧ **太るかと思い**、夕方6時以降には食べません。

＼補足メモ／

① **그냥**「ただ」「何となく」「理由なく」／**관두다**「やめる」：**고만두다**の縮約。**그만두다**「やめる」「中止する」という表現もよく使用される。

③ **아무래도**「どうしても」「どうにも」

⑥ **쉬다**：「ゆっくり休む」という意味で**천천히 쉬다**は使えない。

◎ 文法をおさえよう

✱（動詞の語幹の最後にパッチム）なし | 語幹＋ㄹ 까 보다

　　　　　　　　　　　あり | 語幹＋을까 보다

※ ㄹパッチム用言：語幹からパッチムㄹを脱落させ＋ㄹ 까 보다
　　　　　　　例）살다⇒살까 보다

① 그냥 **관둘까 봐**.

基本形 관두다⇒ 語幹 관두＋ 語尾 ㄹ까 봐

② 집에서 만화책이라도 **읽을까 봐**.

基本形 읽다⇒ 語幹 읽＋ 語尾 을까 봐

③ 아무래도 그 사람(을) **포기해야 할까 봐**.

基本形 하다⇒ 語幹 하＋ 語尾 ㄹ까 봐

④ 왜 전화했어? ― 응, 엄마가 **걱정하실까 봐**.

基本形 걱정하시다⇒ 語幹 걱정하시＋ 語尾 ㄹ까 봐

⑤ 병원에 **가야 할까 봐요**.

基本形 하다⇒ 語幹 하＋ 語尾 ㄹ까 봐요

⑥ 내일은 집에서 푹 **쉴까 봐요**.

基本形 쉬다⇒ 語幹 쉬＋ 語尾 ㄹ까 봐요

⑦ **차일까 봐** 겁이 나서 고백을 못 했어요.

基本形 차이다⇒ 語幹 차이＋ 語尾 ㄹ까 봐

⑧ **살찔까 봐** 저녁 6시 이후에는 안 먹어요.

基本形 살찌다⇒ 語幹 살찌＋ 語尾 ㄹ까 봐

---

⑦ 차이다 「振られる」 ◆反対 ▷ 차다 「蹴る」「振る」 ／ 겁(이) 나다 「怖い」
⑧ 살(이) 찌다 「太る」「肥える」 ◆反対 ▷ 살(이) 빠지다 「やせる」「(肉が) 落ちる」 ／ 이후 「以後」
　　 ◆反対 ▷ 이전 「以前」

16 ~나 보다・ㄴ/은가 보다

~のようだ

① **そうみたいです。** 　　　　　　　　　　　　요체

② だいぶ**お疲れのようですね。** 　　　　　　　요체

③ 家に誰も**いないようですね**？ 　　　　　　　요체

④ 私が間違った**考えをしたようです。** 　　　　要체

⑤ 何かいいことが**あるみたいですね**？ 　　　　요체

⑥ 気分があまり**よくないみたいですね。** 　　　요체

⑦ あなたのせいで私の心臓が**壊れたみたいです。** 　요체

⑧ お父様がお酒をすごく**好きなようですね。** 　요체

\補足メモ/

③ 아무도 「誰も」「誰一人も」: 参考 아무것도 「何も」「一つも」
④ 잘못 생각하다 「間違って考える」
⑥ 좋지 않은가 보다 ← 反対 → 좋은가 보다
⑦ 때문에 「～のせいで」「～のために」 ／ 고장나다 「直訳：故障する」「壊れる」: 参考 망가지다 「壊れ

66

Ⓔ 文法をおさえよう

動詞・存在詞の語幹+**나 보다**

⇒～するようだ、～したようだ、～しそうだ

✴(形容詞・指定詞の語幹の最後にパッチム)なし ｜ 形容詞・指定詞の語幹+**ㄴ가 보다**

あり ｜ 形容詞・指定詞の語幹+**은가 보다**

---

① **그런가 봐요**.

基本形 그렇다⇒ 語幹 **그렇**+ 語尾 **ㄴ가 봐요** 脱落

② 많이 **피곤하신가 봐요**.

基本形 피곤하시다⇒ 語幹 **피곤하시**+ 語尾 **ㄴ가 봐요**

③ 집에 아무도 **없나 봐요**?

基本形 없다⇒ 語幹 **없**+ 語尾 **나 봐요**?

④ 제가 잘못 **생각했나 봐요**.

基本形 생각하다⇒ 語幹 **생각하**+ 語尾 **였나 봐요**

⑤ 무슨 좋은 일이 **있나 봐요**?

基本形 있다⇒ 語幹 **있**+ 語尾 **나 봐요**?

⑥ 기분이 별로 **좋지 않은가 봐요**.

基本形 않다⇒ 語幹 **않**+ 語尾 **은가 봐요**

⑦ 당신 때문에 내 심장이 **고장났나 봐요**.

基本形 고장나다⇒ 語幹 **고장나**+ 語尾 **았나 봐요**

⑧ 아버님이 술을 굉장히 **좋아하시나 봐요**.

基本形 좋아하시다⇒ 語幹 **좋아하시**+ 語尾 **나 봐요**

る」。**심장이 고장나다**「直訳：心臓が壊れる」：恋に落ちている時に心が思うとおりに動かない、ド キドキしたりするという意味で、K-POP などでも用いられる。

17 ~ 아/어라

~しなさい、~しろ

◀)) 017

① **もうやめろ。** バンマル

② いいかげんに**食べるの(を)やめなさい。** バンマル

③ スンス！ 私のお金を早く**返せ。** バンマル

④ うまい話にこれ以上**だまされるなよ。** バンマル

⑤ 頼むから、兄弟同士で**喧嘩するなよ。** バンマル

⑥ 二人の関係(を)これからは君も**認めなさい。** バンマル

⑦ おい！うるさい！ ちょっと**静かにしろ！** バンマル

⑧ ぐずぐずしないで早く**来い！** バンマル

――――＼補足メモ／――――

① **基그만 하다** ⇒**그만**(副詞)＋**하다**(動詞)：「その程度までで、それ以上はやめてほしい」という意味。
② **좀**「ちょっと」「すこし」：**조금**の縮約形。依頼や要求をする時にも使う。「どうか」「悪いが〜」
③ **야**：年上でない友達や後輩への呼びかけ。名前にパッチムがある時は**아**、ない時は**야**を付ける。／
　돈(을) 갚다「お金を返す」

🔵 文法をおさえよう

✱（語幹の最後に ㅗ か ㅏ）あり 　| 語幹＋**아라** |　　　　　　　※5課参照

　　　　なし 　| 語幹＋**어라** |

・動詞・있다の語幹＋아/어라　⇒**命令の意味**　例）빨리 가라!　早く行け(行って)!

・形容詞の語幹＋아/어라　　　⇒**感嘆の意味**　例）추워라!　寒いな!

※主に話し言葉で、目下の人や友達に向けて使われる。

（注意!）用言 말다に命令形語尾 - 아 (라) が付く場合は말아, 말아라ではなく、마, 마라になる。
　　　　例）가지 말아(×)　가지 마(○)

---

① **그만 해라**.

　　　　基本形 하다⇒ 語幹 **하**+ 語尾 **여라**

② **그만 좀 먹어라**.

　　　　基本形 먹다⇒ 語幹 **먹**+ 語尾 **어라**

③ 승수야! 내 돈 빨리 **갚아라**.

　　　　基本形 갚다⇒ 語幹 **갚**+ 語尾 **아라**

④ 달콤한 말에 더 이상 **속지 마라**!

　　　　基本形 말다⇒ 語幹 **말**+ 語尾 **아라**
　　　　　　　　　　　 ↳脱落

⑤ 형제끼리 제발 **싸우지 좀 마라**.

　　　　基本形 말다⇒ 語幹 **말**+ 語尾 **아라**
　　　　　　　　　　　 ↳脱落

⑥ 두 사람 관계, 이젠 너두 **인정해라**.

　　　　基本形 인정하다⇒ 語幹 **인정하**+ 語尾 **여라**

⑦ 야! 시끄러워! **조용히 좀 해라**!

　　　　基本形 하다⇒ 語幹 **하**+ 語尾 **여라**

⑧ 꾸물거리지 말고 빨리 **와라**!

　　　　基本形 오다⇒ 語幹 **오**+ 語尾 **아라**

---

④ **基** 달콤하다「直訳：甘い」／속다「騙される」
⑤ 제발「どうか」
⑥ 너두「君も」「お前も」：너도の口語体
⑧ **基** 꾸물거리다「ぐずぐずする」「ぐずつく」

18 ~ 아/어 버리다

~してしまう

<audio> 018

①	結局は**別れてしまった**の？	バンマル
②	使わないものは、全部**捨ててしまえ**！	バンマル
③	財布を**なくしてしまいました**。	요体
④	古い本を**売ってしまいました**。	요体
⑤	昔の写真を全部**燃やしてしまいました**。	요体
⑥	悪いことがいっぺんに**来てしまいました**。	요体
⑦	しょっちゅう喧嘩するから**疎遠になってしまいました**。	요体
⑧	ドラマの主人公がまた記憶を**なくしてしまいました**。	요体

――― 補足メモ ―――

② 버리다「捨てる」
③ 잃어 버리다「なくしてしまう」：**比較** 잊어 버리다「忘れてしまう」
⑤ 옛날 [옌날]「昔」／ 태우다「燃やす」：태워 버리다「燃やしてしまう」
⑥ 한꺼번에「いっぺんに」「一度にまとめて」

ⓒ 文法をおさえよう

＊（語幹の最後に ㅗ か ㅏ）あり | 語幹＋**아 버리다**

　　　　なし | 語幹＋**어 버리다**

例外） **하다 ⇒ 해 버리다**

---

① 결국은 **헤어져 버린거야**?

　　　　基本形 헤어지다⇒ 語幹 **헤어지**+ 語尾 **어 버린거야**?

② 안 쓰는 물건들은 다 **버려 버려**!

　　　　基本形 버리다⇒ 語幹 **버리**+ 語尾 **어 버려**

③ 지갑을 **잃어 버렸어요**.

　　　　基本形 잃다⇒ 語幹 **잃**+ 語尾 **어 버렸어요**

④ 헌 책을 **팔아 버렸어요**.

　　　　基本形 팔다⇒ 語幹 **팔**+ 語尾 **아 버렸어요**

⑤ 옛날 사진을 다 **태워 버렸어요**.

　　　　基本形 태우다⇒ 語幹 **태우**+ 語尾 **어 버렸어요**

⑥ 나쁜 일이 한꺼번에 **와 버렸어요**.

　　　　基本形 오다⇒ 語幹 **오**+ 語尾 **아 버렸어요**

⑦ 자꾸 싸우니까 사이가 **멀어져 버렸어요**.

　　　　基本形 멀어지다⇒ 語幹 **멀어지**+ 語尾 **어 버렸어요**

⑧ 드라마 주인공이 또 기억을 **잊어 버렸어요**.

　　　　基本形 잊다⇒ 語幹 **잊**+ 語尾 **어 버렸어요**

---

⑦ **자꾸**「しょっちゅう」：**자꾸**と**자주**は「ある行動を反復する」ことで、文脈によっては両方使える場合もある。**자꾸**は、休まず何回も続く、同じ状況で起きることの頻度を表す。否定的な文脈で使われる場合が多い。**比較 자주**は、時間的に間が開かないように何回も繰り返すこと。肯定的な文脈で使われる場合が多い。／**멀어지다**「遠くなる」：**멀다**「遠い」＋**지다**

19 ~ 아/어 보이다

~のように見える、~く見える

◀» 019

| ① 人の餅がもっと**大きく見える**。 | パンマル |

| ② 顔が**真っ青に見える**けど大丈夫？ | パンマル |

| ③ **親しく見えます**。 | 요체 |

| ④ 顔が**明るく見えます**。 | 요체 |

| ⑤ 気分が**よさそうに見えます**ね。 | 요체 |

| ⑥ 何となく**悲しく見えます**ね。 | 요체 |

| ⑦ 顔が**やつれて見えます**。 | 요체 |

| ⑧ 隣の家のおじさんはいつも**可哀想に見えます**。 | 요체 |

───\ 補足メモ /───

① **남의 떡이 더 커 보인다** . 「人の餅がもっと大きく見える」: 「隣の芝が青く見える」に当たる表現。
② **창백하다** 「青白い」: 顔色が悪くて白く見える時によく使われる。
③ **친하다** 「親しい」: 친 「親」＋ 하다 「やる」 「する」。 **친해 보이다** 「親しく見える」
④ **환하다** 「明るい」 「見通しがいい」: **比較 밝다** 「明るい」 「はればれしい」 「詳しい」

💿 文法をおさえよう

✳（語幹の最後にㅗかㅏ）あり | 語幹＋**아 보이다**

なし | 語幹＋**어 보이다**

例外）하다 ⇒ 해 보이다

---

① 남의 떡이 더 **커 보인다** .

基本形 크다⇒ 語幹 **크**＋ 語尾 어 보인다
脱落

② 얼굴이 **창백해 보이는데** , 괜찮아 ?

基本形 창백하다⇒ 語幹 **창백하**＋ 語尾 여 보이는데

③ **친해 보여요** .

基本形 친하다⇒ 語幹 **친하**＋ 語尾 여 보여요

④ 얼굴이 **환해 보여요** .

基本形 환하다⇒ 語幹 **환하**＋ 語尾 여 보여요

⑤ 기분이 **좋아 보이네요** .

基本形 좋다⇒ 語幹 **좋**＋ 語尾 아 보이네요

⑥ 왠지 **슬퍼 보이네요** .

基本形 슬프다⇒ 語幹 **슬프**＋ 語尾 어 보이네요
脱落

⑦ 얼굴이 **수척해 보여요** .

基本形 수척하다⇒ 語幹 **수척하**＋ 語尾 여 보여요

⑧ 옆집 아저씨는 항상 **불쌍해 보여요** .

基本形 불쌍하다⇒ 語幹 **불쌍하**＋ 語尾 여 보여요

---

⑥ **왠지**「なぜなのか」「何となく」: 왜인지の縮約
⑦ **수척하다**「やつれている」「やせこけている」
⑧ **불쌍하다**「可哀想だ」

20 ~ 았/었었다

~していた

🔊 020

1. 私もある時期は結構**モテたな。** バンマル

2. 孫(男の子)がこれを買ってと、**ねだっていたな。** バンマル

3. あ〜。昔は私もなかなか頭が**よかったのにな。** バンマル

4. 昔はそのお店によく**行ってたよ。** バンマル

5. 新婚の時はすごく**ラブラブしていたのにな。** バンマル

6. 大学生の時は毎日お酒を**飲んでいたな。** バンマル

7. 君だけ(を)愛していたよ。それから、君しか**見えなかったよ。** バンマル

8. その時はその人に**ゾッコンだったよ。** バンマル

＼補足メモ／

1. **잘**「よく」＋ **나가다**「出て行く」：「(仕事や恋愛などの全てが) うまくいく」「人気が高い」などの意味をもつ。K-POPなどでもよく用いられる。

2. **손주**「孫」：**손자**「男の子の孫」＋ **손녀**「女の子の孫」／類 **조르다**「ねだる」「せびる」

5. **깨가**「ごまが」＋ **쏟아지다**「こぼれて落ちる」：(愛している同士の仲がとてもよくて) ラブラブす

◉ 文法をおさえよう

＊（語幹の最後に⊥か ト）あり ┃ 語幹＋**았었다** ┃

なし ┃ 語幹＋**었었다** ┃

例外）**하다** ⇒（**하였었다**）⇒ **했었다**

---

① 나도 한 때는 **잘 나갔었지** .

[基本形] 나가다⇒ 語幹 **나가**+ 語尾 **았었지**

② 손자가 이걸 사달라고 **졸랐었지** .

[基本形] 조르다⇒ 語幹 **조르**+ 語尾 **ㄹ랐었지**
（└脱落）

③ 아 . 옛날에는 나도 꽤 머리가 **좋았었는데** .

[基本形] 좋다⇒ 語幹 **좋**+ 語尾 **았었는데**

④ 예전에는 그 가게에 자주 **갔었어** .

[基本形] 가다⇒ 語幹 **가**+ 語尾 **았었어**

⑤ 신혼 때는 깨가 **쏟아졌었는데** .

[基本形] 쏟아지다⇒ 語幹 **쏟아지**+ 語尾 **었었는데**

⑥ 대학생 때는 매일 술을 **마셨었지** .

[基本形] 마시다⇒ 語幹 **마시**+ 語尾 **었었지**

⑦ 너만 사랑했어 . 그리고 너밖에 **안 보였었어** .

[基本形] 보이다⇒ 語幹 **보이**+ 語尾 **었었어**

⑧ 그 때는 그 사람한테 **미쳤었지** .

[基本形] 미치다⇒ 語幹 **미치**+ 語尾 **었었지**

る新婚さんの話でよく使われている。

⑦ **~밖에**「～しか」：後に否定の表現が来る場合が多い。

⑧ **미치다**「狂う」「おかしくなる」：「～に夢中になる」という意味としても日常会話で頻繁に使われる。

21 ~ 아/어야지(요)

～しなければ（ならない）、しなければなりません

🔊 021

① 久しぶりに一度**会わないとね**。

② 家を買わないといけないから**節約しないとね**。

③ 妻子を食べさせるためには**働かないとね**。

④ 昨日徹夜をしたから早めに**寝ないとね**。

⑤ 借金を返すためにはお金を早く**稼がないとね**。

⑥ 息子が家で待っているから早く仕事を**終えないと**。

⑦ お父様！末永く**健康でいらっしゃらなければ
なりませんよ**。

⑧ 早く治るためには食事をちゃんと取らないと
いけないんですよ。

――― \補足メモ/

② 아끼다「大事にする」「節約する（直訳：절약하다）」
④ 밤을 새우다「夜を明かす」「徹夜する（直訳：철야하다）」
⑤ 빚을 갚다「借金を返す」／돈을 벌다「お金を稼ぐ」
⑥ 끝내다「終える」：**比較** 끝나다「終わる」

② 文法をおさえよう

＊（語幹の最後に ㅗ か ㅏ）あり │ 語幹＋**아야지(요)**

なし │ 語幹＋**어야지(요)**

例外）**하다** ⇒ **해야지(요)**

---

① 오래간만에 한 번 **만나야지** .

〔基本形〕만나다⇒ 語幹 **만나**+ 語尾 **아야지**

② 집을 사야 하니까 **아껴야지** .

〔基本形〕아끼다⇒ 語幹 **아끼**+ 語尾 **어야지**

③ 처자식 먹여 살리려면 **일해야지** .

〔基本形〕일하다⇒ 語幹 **일하**+ 語尾 **여야지**

④ 어제 밤을 새웠으니까 일찍 **자야지** .

〔基本形〕자다⇒ 語幹 **자**+ 語尾 **아야지**

⑤ 빚을 갚으려면 돈을 빨리 **벌어야지** .

〔基本形〕벌다⇒ 語幹 **벌**+ 語尾 **어야지**

⑥ 아들이 집에서 기다리니까 빨리 일을 **끝내야지** .

〔基本形〕끝내다⇒ 語幹 **끝내**+ 語尾 **어야지**

⑦ 아버님 ! 오래오래 **건강하셔야죠** .

〔基本形〕건강하시다⇒ 語幹 **건강하시**+ 語尾 **어야죠**

⑧ 빨리 나으시려면 식사를 꼭 **하셔야지요** .

〔基本形〕하시다⇒ 語幹 **하시**+ 語尾 **어야지요**

---

⑧ **나으시다 : 낫다**「治る」の尊敬語

22 ~고 말다

(とうとう)〜してしまう

①	**ミスしてしまった。**	パンマル

②	彼女は結局**泣いてしまった。**	パンマル

③	毎日喧嘩していて、離婚を**してしまった。**	パンマル

④	夫がくれたネックレスを**なくしてしまった。**	パンマル

⑤	初恋の人と道で偶然ばったり**会って しまったんだよ。**	パンマル

⑥	**転んでしまいました。**	ヨ体

⑦	水を**こぼしてしまいました。**	ヨ体

⑧	主人公が悪性白血病にかかって**死んで しまいました。**	ヨ体

＼補足メモ／

① 実数「ミス」：参考 実敗「失敗」⇔反対⇒ 成功「成功」
③ 맨날「毎日」「いつも」「毎日のようにいつも」：매일「直訳：毎日」を意味する方言、만날の間違い
として口語的に多く使用されていたが、最近は標準語として扱われている。／이혼「離婚」⇔反対⇒
결혼「結婚」

78

❸ 文法をおさえよう

動詞の語幹 + 고 말다

※主に「~고 말았다」(してしまった)の過去形で使用する。

① **실수하고 말았다**.

基本形 실수하다⇒ 語幹 **실수하** + 語尾 **고 말았다**

② 그녀는 결국 **울고 말았다**.

基本形 울다⇒ 語幹 **울** + 語尾 **고 말았다**

③ 맨날 싸우다가 이혼을 **하고 말았다**.

基本形 하다⇒ 語幹 **하** + 語尾 **고 말았다**

④ 남편이 준 목걸이를 **잃어버리고 말았다**.

基本形 잃어버리다⇒ 語幹 **잃어버리** + 語尾 **고 말았다**

⑤ 첫사랑과 길에서 우연히 **만나고 말았어**.

基本形 만나다⇒ 語幹 **만나** + 語尾 **고 말았어**

⑥ **넘어지고 말았어요**.

基本形 넘어지다⇒ 語幹 **넘어지** + 語尾 **고 말았어요**

⑦ 물을 **쏟고 말았어요**.

基本形 쏟다⇒ 語幹 **쏟** + 語尾 **고 말았어요**

⑧ 주인공이 악성 백혈병에 걸려 **죽고 말았어요**.

基本形 죽다⇒ 語幹 **죽** + 語尾 **고 말았어요**

⑧ 악성 [악썽] 백혈병 [배켤뼝]

23 ~고 말겠다

~してみせる（から）

🔊 023

① 必ず**復讐するぞ**。

② 必ず**成し遂げてみせる**。

③ 今回は絶対**合格してみせる**わ。

④ 韓国語弁論大会で**優勝してみせる**ぞ！

⑤ 帰って来てみろ。この娘！ 私が今日はほんとうに
髪を**切ってやる**。

⑥ スンホンさんのような男性と**結婚してみせます**。

⑦ 今日は必ず告白を**してみせます**。よっしゃ！

⑧ 夢を必ず**叶えてみせます**。 ニダ体

＼補足メモ／

① 꼭「必ず」「絶対」「ぎゅっと」「じっと」
② 반드시「必ず」「きっと」／해내다「やり抜く」「なし遂げる」 ③ **합격하고 [합껴카고]**
④ 변론대회「弁論大会」:「話すこと」を中心とする大会名について、韓国では主に**스피치 대회**「直訳：
スピーチ大会」、**웅변대회**「直訳：雄弁大会」、**말하기 대회**「直訳：話すこと大会」と呼ばれている。

80

🔵 文法をおさえよう

動詞の語幹＋고 말겠다

※「～してみせる」「～しそうだ」と訳され、あることを成し遂げようとする話者の強い意志を表す時に使う。

※主語は一人称に限る。

※また「～しそうで心配だ」「～してしまいそうだ」と訳され、意図しない結果になりそうなことを懸念する時にも用いられる。

① 꼭 복수하고 말겠어.

基本形 복수하다⇒ 語幹 복수하 ＋ 語尾 고 말겠어

② 반드시 해내고 만다.

基本形 해내다⇒ 語幹 해내 ＋ 語尾 고 만다

③ 이번엔 꼭 합격하고 말겠어.

基本形 합격하다⇒ 語幹 합격하 ＋ 語尾 고 말겠어

④ 한국어 변론 대회에서 우승하고 말겠어.

基本形 우승하다⇒ 語幹 우승하 ＋ 語尾 고 말겠어

⑤ 들어오기만 해 봐라. 기집애. 내가 오늘은 진짜 머리를
깎아 놓고 말거야. 基本形 놓다⇒ 語幹 놓 ＋ 語尾 고 말거야

⑥ 승헌씨 같은 남자와 결혼하고 말겠어요.

基本形 결혼하다⇒ 語幹 결혼하 ＋ 語尾 고 말겠어요

⑦ 오늘은 기필코 고백을 하고 말 거예요. 아자아자.

基本形 하다⇒ 語幹 하 ＋ 語尾 고 말거예요

⑧ 꿈을 꼭 이루고(야) 말겠습니다.

基本形 이루다⇒ 語幹 이루 ＋ 語尾 고 말겠습니다

／우승「優勝」：参考 결승「決勝」

⑤ 기집애：여자아이「女の子」を低く言う言葉。계집애の間違いとされるが、기집애のほうが多く使われる。仲のいい女の友達同士でも使う。／聞き分けのない子供を叱る時に「髪を切って、はずかしくて外に出られないようにしてやる！」と脅す表現でよく使われる。 ⑧ 꿈을 이루다「夢を叶える」

24 ～고 싶어하다

～したがる、～をほしがる

① 息子がシンガポールに**行きたがっています**。 `요체`

② 学生たちは韓国語を上手に**話したがっています**。 `요체`

③ 弟は子供をもっと**欲しがっています**。 `요체`

④ 高校の同級生は噂についてもっと**知りたがって
います**。 `요체`

⑤ 子供はおもちゃを**欲しがっています**。 `요체`

⑥ 妻はいつもブランドのカバンを**欲しがっています**。 `요체`

⑦ 友達はクラブに**遊びに行きたがっています**。 `요체`

⑧ みきさんは韓国で**暮らしたがっています**。 `요체`

＼補足メモ／

① **싱가포르**「シンガポール」：正しい外来語表記法。ただし、**싱가폴**という表記も頻繁に使われる。
② **잘하다**「うまくやる」「上手だ」：ここでの**잘하다**は「上手に話す」という意味。
④ **동창**「直訳：同窓」「同級生」：**동급생**「直訳：同級生」という表現はそれほど使われない。／**～에 대해**
　「直訳：～に対して」：「～について」「～に関して」という意味として訳されるケースも少なくない。

⭕ 文法をおさえよう

動詞・있다の語幹 **+ 고 싶어하다**

※主語は一人称ではなく三人称になる。
※基本的には形容詞とは接続しないが、一部可能な場合もある。

---

① 아들이 싱가포르에 **가고 싶어해요** .

基本形 가다⇒ 語幹 **가** + 語尾 **고 싶어해요**

② 학생들은 한국어를 **잘하고 싶어해요** .

基本形 잘하다⇒ 語幹 **잘하** + 語尾 **고 싶어해요**

③ 남동생은 아이를 더 **낳고 싶어해요** .

基本形 낳다⇒ 語幹 **낳** + 語尾 **고 싶어해요**

④ 고등학교 동창은 소문에 대해 더 **알고 싶어해요** .

基本形 알다⇒ 語幹 **알** + 語尾 **고 싶어해요**

⑤ 아이는 장난감을 **갖고 싶어해요** .

基本形 갖다⇒ 語幹 **갖** + 語尾 **고 싶어해요**

⑥ 아내는 항상 명품 가방을 **갖고 싶어해요** .

基本形 갖다⇒ 語幹 **갖** + 語尾 **고 싶어해요**

⑦ 친구는 클럽에 **놀러가고 싶어해요** .

基本形 놀러가다⇒ 語幹 **놀러가** + 語尾 **고 싶어해요**

⑧ 미키씨는 한국에서 **살고 싶어해요** .

基本形 살다⇒ 語幹 **살** + 語尾 **고 싶어해요**

---

⑤ **장난감 [장난깜]** 「おもちゃ」
⑥ **명품** 「直訳：名品」
⑦ **놀러가다** 「遊びに行く」：**놀다**「遊ぶ」+ **가다**「行く」

25 ~고는 하다

~したりする、(よく)~していた、
(頻繁に)~したりする、~したりしたものだ

🔊 025

---

① この食堂にしょっちゅう**来たりしました**。 　요体

---

② 妻は私の携帯を**チェックしたりします**。 　요体

---

③ 夫はホンデ(弘大)でライブを**したりしました**。 　요体

---

④ 最近、よく約束を**忘れたりします**。 　ㄴ다体

---

⑤ 旦那に内緒で、ヒョンビンさんと夢で
会ったりします。 　ㄴ다体

---

⑥ たまにカフェで友達と**おしゃべりをしたり**
しています。 　ㄴ다体

---

⑦ 私も家の鍵がどこにあるのかいつも
探したりします。 　ㄴ다体

---

⑧ ストレスがたまったらカラオケで歌を
歌ったりします。 　ㄴ다体

補足メモ

③ 홍대「ホンデ(弘大)」：「홍익대학교 弘益(ホンイク)大学」の縮約。ライブハウスやクラブが多
い場所として有名なので、地名としても使われている場合が多い。
⑤ 몰래「こっそり」「内緒で」
⑥ 수다를 떨다「おしゃべりをする」

🕒 文法をおさえよう

動詞の語幹＋고는 하다

※習慣的な行為を表す時、同じ状況で同じことを反復して行う時に使う。

※縮約表現　곤 하다

---

① 이 식당에 자주 **오고는 했어요**.

[基本形] 오다⇒ 語幹 **오**＋ 語尾 고는 했어요

② 아내는 제 핸드폰을 **체크하고는 해요**.

[基本形] 체크하다⇒ 語幹 **체크하**＋ 語尾 고는 해요

③ 남편은 홍대에서 라이브를 **하고는 했어요**.

[基本形] 하다⇒ 語幹 **하**＋ 語尾 고는 했어요

④ 요즘 자주 약속을 **잊고는 합니다**.

[基本形] 잊다⇒ 語幹 **잊**＋ 語尾 고는 합니다

⑤ 남편 몰래 현빈 씨와 꿈에서 **만나고는 합니다**.

[基本形] 만나다⇒ 語幹 **만나**＋ 語尾 고는 합니다

⑥ 가끔씩 카페에서 친구와 **수다를 떨고는 합니다**.

[基本形] 떨다⇒ 語幹 **떨**＋ 語尾 고는 합니다

⑦ 저도 집 열쇠가 어디 있는지 항상 **찾고는 합니다**.

[基本形] 찾다⇒ 語幹 **찾**＋ 語尾 고는 합니다

⑧ 스트레스가 쌓이면 노래방에서 노래를 **부르고는 합니다**.

[基本形] 부르다⇒ 語幹 **부르**＋ 語尾 고는 합니다

---

⑦ **집 열쇠 [짐녈쐬]**
⑧ **스트레스가 쌓이다** 「ストレスがたまる」／**노래를 부르다** 「歌を歌う」

26 ~게 생겼다

~するはめになった、することになった、
~する立場となった

🔊 026

☐1 財布は**どのような形をしていますか**？ `요체`

☐2 妹は**可愛らしい顔立ちをしています**。 `요체`

☐3 息子は**勉強ができるような顔をしています**ね。 `요체`

☐4 先生に**怒られるはめになり**そうです。 `요체`

☐5 友達のせいで**苦労するはめになり**そうです。 `요체`

☐6 ニキビの跡が**残ることになり**そうです。 `요체`

☐7 会社で**クビになり**そうです。 `요체`

☐8 営業実績がよくなくて減俸処分**されるはめに** `요체`
   なりそうです。

――――\ 補足メモ /――――

☐1 **어떻게**「どういうふうに」「どのように」「どうやって」／**생기다**「生じる」「できる」
☐2 **귀엽다**「可愛い」⇒**귀엽게**「可愛く」
☐4 **께**「~に」：**한테**「~に」「~から」の尊敬語
☐6 **자국**「跡」「痕跡」

◎ 文法をおさえよう

動詞・形容詞・存在詞の語幹＋게 생겼다

※主に動詞と接続

※形容詞と接続して形や姿、状態を説明
　⇒〜の形をしている、〜のような顔・形をしている

---

① 지갑이 **어떻게 생겼어요**?

基本形 어떻다⇒ 語幹 **어떻**+ 語尾 게 생겼어요?

② 여동생은 **귀엽게 생겼어요**.

基本形 귀엽다⇒ 語幹 **귀엽**+ 語尾 게 생겼어요

③ 아들이 **공부 잘하게 생겼네요**.

基本形 하다⇒ 語幹 **하**+ 語尾 게 생겼네요

④ 선생님께 **혼나게 생겼어요**.

基本形 혼나다⇒ 語幹 **혼나**+ 語尾 게 생겼어요

⑤ 친구 때문에 **고생하게 생겼어요**.

基本形 고생하다⇒ 語幹 **고생하**+ 語尾 게 생겼어요

⑥ 여드름 자국이 **남게 생겼어요**.

基本形 남다⇒ 語幹 **남**+ 語尾 게 생겼어요

⑦ 회사에서 **짤리게 생겼어요**.

基本形 짤리다⇒ 語幹 **짤리**+ 語尾 게 생겼어요

⑧ 영업실적이 안 좋아서 감봉처분 **받게 생겼어요**.

基本形 받다⇒ 語幹 **받**+ 語尾 게 생겼어요

---

⑦ **짤리다**：「切られる」の間違いと言われているが、「会社でクビになる」という表現の時には強調した
発音の**짤리다**がよく使われる。なお、**짤리다**は**자르다**「切る」の受身。

27 ~기 싫다

~したくない、~(するの)は嫌いだ、
~(するの)が嫌だ

 027

---

① 小言はちょっとやめろ。**聞きたくない**！

---

② 顔も**見たくない**。今すぐ出てけ！

---

③ 私のママは**聞きたくない**小言ばかりいっぱい
並べ立てる。

---

④ 今朝はほんとうに**起きるのが嫌**だった。

---

⑤ 家族と**離れるのは嫌**です。

---

⑥ 夫の家には**行きたくありません**。

---

⑦ 苦い薬は**飲みたくありません**。

---

⑧ 人の前で**発表したくありません**。

\補足メモ/

② 꼴 「情けないさま」「惨めな格好」
⑤ 떨어지다 「(上から) 落ちる」「離れる」「(付いていたものが) 取れる」
⑥ 시댁 「婚家」「夫の家」の尊敬語 ⇔ 反対 ⇒ 친정 「直訳：親庭」「嫁に行った女性の実家」
⑦ 쓴 약 「苦い薬」⇔ 反対 ⇒ 단 약 「甘い薬」／먹다：「薬」は마시다「飲む」ではなく「食べる」と表現する。

● 文法をおさえよう

動詞・있다の語幹+기 싫다

※主に動詞と接続するが、存在詞있다とも接続する。

① 잔소리 좀 그만 해. **듣기 싫어**!

基本形 듣다⇒ 語幹 듣+ 語尾 **기 싫어**

② 꼴도 **보기 싫어**. 지금 당장 나가!

基本形 보다⇒ 語幹 보+ 語尾 **기 싫어**

③ 우리 엄마는 **듣기 싫은** 잔소리만 잔뜩 늘어 놓는다.

基本形 듣다⇒ 語幹 듣+ 語尾 **기 싫은**

④ 오늘 아침은 정말 **일어나기 싫었어**.

基本形 일어나다⇒ 語幹 **일어나**+ 語尾 **기 싫었어**

⑤ 가족과 **떨어지기는 싫어요**.

基本形 떨어지다⇒ 語幹 **떨어지**+ 語尾 **기는 싫어요**

⑥ 시댁엔 **가기 싫어요**.

基本形 가다⇒ 語幹 **가**+ 語尾 **기 싫어요**

⑦ 쓴 약은 **먹기 싫어요**.

基本形 먹다⇒ 語幹 **먹**+ 語尾 **기 싫어요**

⑧ 사람들 앞에서 **발표하기 싫어요**.

基本形 발표하다⇒ 語幹 **발표하**+ 語尾 **기 싫어요**

28 ~기 십상이다

~しやすい、~する可能性(確率)が高い、
すぐ~する

🔊 028

① そんなにたくさん食べては**きっともたれるわよ。** バンマル

② あまりにも優しかったら、**誤解を招くのがおちだ。** バンマル

③ 株投資をしたのなら、損害を**被るに決まって
いるだろう。** バンマル

④ エアコンの前に張り付いていたら、**きっと風邪を
ひくよ。** バンマル

⑤ 酒を飲んで運転をしたら**きっと事故が
起こるだろう。** バンマル

⑥ 慌てると**失敗しやすいですね。** 요체

⑦ BLACKPINK(ブラックピンク)を知らないと
旧世代に**扱われるのがおちです。** 요체

⑧ その人は何の連絡もせずに**よく遅刻します。** 요체

＼補足メモ／

① 먹다간 : 먹다가는の縮約
② 오해를 사다 「誤解を招く」
③ 주식투자 「直訳：株式投資」／손해(를) 보다 「直訳：損害（を）見る」「損する」
④ 에어컨 「エアコン（クーラー）」：「クーラー」と言っても通じないので注意！ 에어콘と言う人も少なくない。

📀 文法をおさえよう

動詞の語幹＋기 십상이다

※~다가는 ~기 십상이다.　~していたり～するに決まっている
※~(으)면 ~기 십상이다.　~すれば～するに決まっている

【参考】「あることが起きやすい」ということを意味する表現

~기 십상이다	~기 일쑤이다「よくそうする」
・意味：「可能性が高い」 ・~기 쉽다に変換可能	・意味：「意思とは関係なくあることがよく起こる」 ・~기 쉽다に変換不可能 ・よくないことが繰り返される時、主に使う。

---

① 그렇게 많이 먹다간 **체하기 십상이다**.

　　　　基本形 체하다⇒ 語幹 **체하**+ 語尾 **기 십상이다**

② 너무 친절하면 **오해를 사기 십상이다**.

　　　　基本形 사다⇒ 語幹 **사**+ 語尾 **기 십상이다**

③ 주식투자를 했다가는 **손해 보기 십상일 걸**.

　　　　基本形 보다⇒ 語幹 **보**+ 語尾 **기 십상일 걸**

④ 에어컨 앞에 붙어 있으면 **감기 걸리기 십상이지**.

　　　　基本形 걸리다⇒ 語幹 **걸리**+ 語尾 **기 십상이지**

⑤ 술(을) 마시고 운전(을) 하면 **사고 나기 십상이야**.

　　　　基本形 나다⇒ 語幹 **나**+ 語尾 **기 십상이야**

⑥ 당황하면 **실수하기 십상이지요**.

　　　　基本形 실수하다⇒ 語幹 **실수하**+ 語尾 **기 십상이지요**

⑦ 블랙핑크를 모르면 구세대로 **취급받기 십상이에요**.

　　　　基本形 취급받다⇒ 語幹 **취급받**+ 語尾 **기 십상이에요**

⑧ 그 사람은 아무 연락도 없이 **지각하기 일쑤예요**.

　　　　基本形 지각하다⇒ 語幹 **지각하**+ 語尾 **기 일쑤예요**

---

⑤ **사고(가) 나다**「事故が起こる」：**比較** 사고를 내다「事故を起こす」
⑥ **당황하다**「慌てる」／**실수**「直訳：失手」「（軽い）ミス」「間違い」：**실패**「直訳：失敗」は事業や受験など大事に使う場合が多い。
⑦ **구세대**「旧世代」**⇔反対➔** 신세대「新世代」

29 ~기 나름이다

～次第である、～するかにかかっている、
～することによる

🔊 029

---

① すべてのことは**考え方次第だよ**。心を楽に持って。 バンマル

---

② 高いものだからといって、全部いいものとは
限らないよ。**物によるよ**。 バンマル

---

③ 何でも全て自分の**やる気にかかっています**。 요体

---

④ 男は**女次第です**。 요体

---

⑤ 成功は**努力次第でしょう**。 요体

---

⑥ 他の国の文化は自分が**受け入れるか（どうか）に
かかっています**。 요体

---

⑦ 女の肌は**手入れ次第です**。 요体

---

⑧ 自分の未来は自ら計画して**実践するかどうかに
かかっています**。 니다体

\補足メモ/

③ 뭐든：無対이든
④「男は女がどうするかによって変わる」という意味。90年代に韓国のTVのCMで使われた有名なセリフ。
⑦ 가꾸다「手入れをする」「栽培する」「飾る」

92

◎ 文法をおさえよう

動詞の語幹+**기 나름이다**

名詞+**나름이다**

① 모든 일은 **생각하기 나름이야**. 마음을 편히 가져.

　　　　基本形 생각하다⇒ 語幹 **생각하**+ 語尾 **기 나름이야**

② 비싼 거라고 다 좋은 건 아니야. **물건 나름이지**.

　　　　名詞 **물건**+ 語尾 **나름이지**

③ 뭐든 다 자기 **하기 나름이에요**.

　　　　基本形 하다⇒ 語幹 **하**+ 語尾 **기 나름이에요**

④ 남자는 **여자 하기 나름이에요**.

　　　　基本形 하다⇒ 語幹 **하**+ 語尾 **기 나름이에요**

⑤ 성공은 **노력하기 나름이지요**.

　　　　基本形 노력하다⇒ 語幹 **노력하**+ 語尾 **기 나름이지요**

⑥ 다른 나라의 문화는 자신이 **받아들이기 나름이에요**.

　　　　基本形 받아들이다⇒ 語幹 **받아들이**+ 語尾 **기 나름이에요**

⑦ 여자의 피부는 **가꾸기 나름이에요**.

　　　　基本形 가꾸다⇒ 語幹 **가꾸**+ 語尾 **기 나름이에요**

⑧ 자기의 미래는 스스로 계획하고 **실천하기 나름입니다**.

　　　　基本形 실천하다⇒ 語幹 **실천하**+ 語尾 **기 나름입니다**

⑧ **스스로**「自ら」

30 ~더라

~だったよ、~だっけ？、
(第三者が)~していたよ

🔊 030

1 その人の名前は**何だっけ**？ パンマル

2 私ってそこに何で**行ったっけ**？ パンマル

3 その食堂、ほんとうに**美味しかったよ**。 パンマル

4 財布をどこに**置いたっけ**？ パンマル

5 だから、それが**いつだっけ**？ パンマル

6 ソラク(雪嶽)山の景色がほんとうに
美しかったよ。 パンマル

7 そこが**どこだっけ**？ パンマル

8 1日だけ見なくても君に**会いたかったよ**。 パンマル

───\ 補足メモ /───

1 2 4 5 7 思い出せない時に、独り言のようにつぶやく表現。

1 **이름이**「直訳：名前が」：韓国語では**이름은**「名前は」ではなく**이름이**が自然で、この形が頻出する。

4 **놨더라**：**놓았더라**の縮約

7 過去に行ったことのある場所が具体的にどこであったかを、思い出そうとしている。

② 文法をおさえよう

| 語幹＋**더라** | 名詞・代名詞＋**(이)더라** | ⑤⑦ |

・過去の事柄についての感嘆を表す。

例) 네 생각이 많이 나더라. (君のことをたくさん思い出したよ。)

・過去の事柄の記憶をたどりながら再確認する時に用いる。

例) 누구시더라. (どなたでしたっけ)

・経験して新たに知った事柄を回想して述べる時に用いる。

例) 컴퓨터가 고장났더라. (パソコンが壊れてたよ。)

---

① 그 사람 이름이 **뭐더라**?

名詞 **뭐**+ 語尾 **더라**?

② 내가 거기에 왜 **갔더라**?

基本形 가다⇒ 語幹 **가**+ 語尾 **았더라**?

③ 그 식당 정말 **맛있더라**.

基本形 맛있다⇒ 語幹 **맛있**+ 語尾 **더라**

④ 지갑을 어디에 **놨더라**?

基本形 놓다⇒ 語幹 **놓**+ 語尾 **았더라**?
脱落

⑤ 그러니까 그게 **언제더라**?

名詞 **언제**+ 語尾 **더라**?

⑥ 설악산 경치가 진짜 **아름답더라**.

基本形 아름답다⇒ 語幹 **아름답**+ 語尾 **더라**

⑦ 거기가 **어디더라**?

名詞 **어디**+ 語尾 **더라**?

⑧ 하루만 안 봐도 니가 **보고 싶더라**.

基本形 싶다⇒ 語幹 **싶**+ 語尾 **더라**

---

⑧ **하루**「1日」: 参考 **이틀**「二日」 **사흘**「三日」 **나흘**「四日」 **닷새**「五日」／**니**：もともとは**너**「君」「お前」の方言で、**네**の口語体として頻繁に使われるようになった。**네**と**내**「私の」の発音が区別しにくいため、**니**を使う場合が多い。

31 ~더래

~したんだって、~だったんだってよ、
~だったそうよ、~したそうだよ

◀)) 031

①	カンナム(江南)(の)土地の値がとても **高かったんだってよ**(直訳:高いんだってよ)。	パンマル
②	食堂に行ったら、おばあちゃん一人が **いらっしゃったそうだよ。**	パンマル
③	温泉から突然悲鳴の声が**聞こえたそうだよ。**	パンマル
④	**助けてと言ったそうだよ。**	パンマル
⑤	よく見たら**知り合いだったんだって。**	パンマル
⑥	ソン・ジュンギさんを実物で見るともっと**かっこ** **よかったんだって。**	パンマル
⑦	久しぶりに会ったら、とても**嬉しかったんだって。**	パンマル
⑧	それがね、ご主人が**浮気をしたんだって、** どういうことなの。	パンマル

＼補足メモ／
① 엄청 「かなり」「とても」
③ 갑자기 「急に」「突然」
④ 도와 달라고 「助けてくれと」: ~ 달라고 하다 「~してくれと言う」は、動詞などについて依頼の
意になる。一方、単独で使われる달라고 하다 「ちょうだいと言う」は、物をねだる意になる。

🔵 文法をおさえよう

☆間接話法の過去表現

| 語幹＋더래 |

※더래←더라고 해の縮約

※丁寧表現　～더래요、～더랍니다

---

① 강남 땅 값이 엄청 **비싸더래**.

　　　　基本形 비싸다⇒ 語幹 **비싸**+ 語尾 더래

② 식당에 가니까 할머니 한 분이 **계시더래**.

　　　　基本形 계시다⇒ 語幹 **계시**+ 語尾 더래

③ 온천에서 갑자기 비명 소리가 **들리더래**.

　　　　基本形 들리다⇒ 語幹 **들리**+ 語尾 더래

④ **도와 달라고 하더래**.

　　　　基本形 하다⇒ 語幹 **하**+ 語尾 더래

⑤ 자세히 보니까 **아는 사람이었더래**.

　　　　基本形 이다⇒ 語幹 **이**+ 語尾 었더래

⑥ 송중기 씨를 실물로 보니까 훨씬 **멋있더래**.

　　　　基本形 멋있다⇒ 語幹 **멋있**+ 語尾 더래

⑦ 오랜만에 만나니까 너무 **반갑더래**.

　　　　基本形 반갑다⇒ 語幹 **반갑**+ 語尾 더래

⑧ 글쎄 남편이 **바람을 피웠더래**, 웬일이니.

　　　　基本形 피우다⇒ 語幹 **피우**+ 語尾 었더래

---

⑥ **훨씬**「ずっと」「はるかに」

⑧ **글쎄**：①相手の問いや依頼にはっきり答えられない時に使う。「さあ」「そうね」　②自分の気持ちを強調したり確認する時にも使う。

⑧ **바람을 피우다**「浮気をする」／**웬일**「どういうこと」「どうしたこと」「何ごと」

32 ~는 중이다

~する途中だ、~している最中だ、
~しているところだ

🔊 032

① 今何やっているの？　　　　　　　　　　　　　バンマル
　―ただTVを**見ているところだ**よ。

② 筋肉を**つけているところです**。　　　　　　　요체

③ 髪を**伸ばしている最中です**。　　　　　　　　요체

④ 地下鉄を**待っているところです**。　　　　　　요체

⑤ どうするか**考えているところです**。　　　　　요체

⑥ 前の彼氏とまた会おうか**悩んでいるところです**。　요체

⑦ 子供の宿題を**手伝っている最中です**。　　　　요체

⑧ 韓国旅行(の)計画を**立てている最中です**。　　요체

――― \補足メモ/ ―――

① **그냥 텔레비전(을) 보다**：日本語の自然な訳は「(他のやることがないので)ちょっと TV を見ている」
という表現になる。

③ **머리**「直訳：頭」：「髪の毛(**머리카락**)」の意味として使われる場合も多い。／**기르다**「伸ばす」「養
う」「飼う」「育てる」：**머리를 기르다**「髪(の毛)を伸ばす」

98

🔵 文法をおさえよう

動詞の語幹＋**는 중이다**

※あることが進行していることを示す表現。

※形容詞には付かない。

---

① 지금 뭐해？ー그냥 텔레비전(을) **보는 중이야**.

〔基本形〕보다⇒ 語幹 **보**＋ 語尾 는 중이야

② 근육을 **만드는 중이에요**.

〔基本形〕만들다⇒ 語幹 **만들**＋ 語尾 는 중이에요
↳脱落

③ 머리를 **기르는 중이에요**.

〔基本形〕기르다⇒ 語幹 **기르**＋ 語尾 는 중이에요

④ 지하철을 **기다리는 중이에요**.

〔基本形〕기다리다⇒ 語幹 **기다리**＋ 語尾 는 중이에요

⑤ 어떻게 할까 **생각하는 중이에요**.

〔基本形〕생각하다⇒ 語幹 **생각하**＋ 語尾 는 중이에요

⑥ 전 남친과 다시 만날까 **고민하는 중이에요**.

〔基本形〕고민하다⇒ 語幹 **고민하**＋ 語尾 는 중이에요

⑦ 아이의 숙제를 **도와주는 중이에요**.

〔基本形〕도와주다⇒ 語幹 **도와주**＋ 語尾 는 중이에요

⑧ 한국 여행 계획을 **짜는 중이에요**.

〔基本形〕짜다⇒ 語幹 **짜**＋ 語尾 는 중이에요

---

⑤ **어떻게 [어떠케]**「どういうふうに」(副詞)：**比較 어떡해 [어떠캐]**は**어떻게 해**の縮約。

⑥ **전**「直訳：前」／**남친**：**남자친구**「直訳：男の友達」を縮約した新造語。「彼氏」を意味することが多い。**≺反対≻ 여친**：**여자친구**「女の友達」は「彼女」。

⑧ **짜다**「組む」「しょっぱい」：**계획을 짜다**「計画を立てる」＝**계획을 세우다**

33 ㄷ 変則

🔊 033

① (文句言わずに)ご両親のお言葉どおりに**しろ**。　パンマル

② 褒められました(直訳:賞賛を**聞きました**)。　요체

③ 私たち一緒に**歩きましょう**。　요체

④ もみじを見ながらその道を**歩きました**。　요체

⑤ その人(のこと)はすでに心に**しまいました**。　요체

⑥ 人生の真理を**悟りました**。　요체

⑦ チャムシルまで**歩いて**どのくらいかかりますか?　요체

⑧ 赤い帽子をかぶった人が道を**尋ねました**。　요체

＼補足メモ／

① 그냥「ただ」「何となく」「理由なく」

② 칭찬을 듣다「褒められる」

⑤ 마음에「心に」+ 묻다「埋める」:「忘れる」「心に刻む」という意味。基 (規則) 묻다「埋める」:ヨ
体⇒묻어요「埋めます」、묻었어요「埋めました」 比較 基 (不規則) 묻다「尋ねる」:ヨ体⇒물어요

❷ 文法をおさえよう

※요체

語幹の最後のㄷパッチムがある文字の母音に

＊ㅗ/ㅏ ある ⇒ | ㄷ다 を脱落 | ⇒ | + ㄹ아요 | 例) 깨닫다⇒깨달아요.

＊ㅗ/ㅏ なし ⇒ | ㄷ다 を脱落 | ⇒ | + ㄹ어요 | 例) 듣다⇒들어요.

※ㄷパッチム⇒ㄹパッチムに変わるのがポイント　例) 묻다⇒물으면

※正則活用 : 닫다,얻다,받다,믿다,쏟다,묻다(埋める)など
※形容詞はすべて正則活用

---

① 그냥 부모님 말씀 **들어**.

基本形 듣다⇒ 語幹 들+ 語尾 ㄹ어
　　　　　　 脱落

② 칭찬을 **들었어요**.

基本形 듣다⇒ 語幹 들+ 語尾 ㄹ었어요
　　　　　　 脱落

③ 우리 같이 **걸어요**.

基本形 걷다⇒ 語幹 걸+ 語尾 ㄹ어요
　　　　　　 脱落

④ 단풍을 보면서 그 길을 **걸었어요**.

基本形 걷다⇒ 語幹 걸+ 語尾 ㄹ었어요
　　　　　　 脱落

⑤ 그 사람은 이미 마음에 **묻었어요**.

基本形 묻다(正則活用) ⇒ 語幹 묻+ 語尾 었어요

⑥ 인생의 진리를 **깨달았어요**.

基本形 깨닫다⇒ 語幹 깨달+ 語尾 ㄹ았어요
　　　　　　 脱落

⑦ 잠실까지 **걸어서** 얼마나 걸려요?

基本形 걷다 ⇒ 語幹 걸+ 語尾 ㄹ어서
　　　　　　 脱落

⑧ 빨간 모자를 쓴 사람이 길을 **물었어요**.

基本形 묻다⇒ 語幹 물+ 語尾 ㄹ었어요
　　　　　　 脱落

　「尋ねます」、**물었어요**「尋ねました」
⑥ **깨닫다**「悟る」: ヨ体⇒**깨달아요**「悟ります」、**깨달았어요**「悟りました」
⑧ **모자를 쓰다**「帽子をかぶる」

🔊 034

① このようにしたら病気が早く**治りますか**？ 　요체

② もう**治りました**。 　니다체

③ クンソクさんはいつ新しい家を**建てますか**？ 　요체

④ 初めてご飯を**炊きました**。 　요체

⑤ むしろ私が苦労したほうが**マシです**。 　요체

⑥ それから、水を少しだけ**注ぎます**。 　요체

⑦ なぜ**笑うのですか**？ 私の顔に何か付いて
いますか？ 　요체

⑧ 子供の名前を**つけて**下さい。 　요체

＼補足メモ／

① **낫다**「治る」
③ **짓다**「（家などを）建てる」：参考 **밥을 짓다**「ご飯を炊く」
⑤ **차라리**「むしろ」「いっそ」
⑥ **붓다**「注ぐ」

🔵 文法をおさえよう

※요体

語幹の最後の「ㅅ」パッチムがある文字の母音に

*ㅗ / ㅏ ある ⇒ ｜ㅅ다 を脱落｜⇒ ｜ + 아요｜

*ㅗ / ㅏ なし ⇒ ｜ㅅ다 を脱落｜⇒ ｜ + 어요｜

※ㅅパッチムが脱落するのがポイント　例）낫다⇒나으면

※正則活用：벗다, 빼앗다, 씻다, 웃다など

※形容詞は낫다のみ

---

① 이렇게 하면 병이 빨리 **나아요**?

　　　　　基本形 낫다⇒ 語幹 **낫**+ 語尾 **아요**
　　　　　　　　　　　　　 脱落

② 벌써 **나았습니다**.

　　　　　基本形 낫다⇒ 語幹 **낫**+ 語尾 **았습니다**
　　　　　　　　　　　　　 脱落

③ 근석 씨는 언제 새 집을 **지어요**?

　　　　　基本形 짓다⇒ 語幹 **짓**+ 語尾 **어요**
　　　　　　　　　　　　　 脱落

④ 처음으로 밥을 **지었어요**.

　　　　　基本形 짓다⇒ 語幹 **짓**+ 語尾 **었어요**
　　　　　　　　　　　　　 脱落

⑤ 차라리 제가 고생하는 게 **나아요**.

　　　　　基本形 낫다⇒ 語幹 **낫**+ 語尾 **아요**
　　　　　　　　　　　　　 脱落

⑥ 그리고, 물을 조금만 **부어요**.

　　　　　基本形 붓다⇒ 語幹 **붓**+ 語尾 **어요**
　　　　　　　　　　　　　 脱落

⑦ 왜 **웃어요**? 제 얼굴에 뭐가 묻었어요?

　　　　　基本形 웃다(正則活用) ⇒ 語幹 **웃**+ 語尾 **어요**

⑧ 아이 이름을 **지어** 주세요.

　　　　　基本形 짓다⇒ 語幹 **짓**+ 語尾 **어 주세요**
　　　　　　　　　　　　　 脱落

---

⑦ **웃다**「笑う」

⑧ **이름을 짓다**「名前を付ける」

35 ㅎ変則

🔊 035

① **そうですか？**　ﾖ体

② 顔が**真っ赤です。**　ﾖ体

③ 唇が**青いですか？**　ﾖ体

④ 第一印象は**どうですか？**　ﾖ体

⑤ 顔が**白いです。**　ﾖ体

⑥ **どうしたんですか？**（直訳：なぜそうですか？）何か
あったんですか？　ﾖ体

⑦ 昨日の天気は**どうでしたか？**　ﾖ体

⑧ 霧のせいで空が**霞みます。**　ﾖ体

――\補足メモ/――

① 그렇다「そうだ」：ヨ体⇒그래요（⑥も同様）
② 빨갛다「赤い」⇔反対⇒파랗다「青い」、노랗다「黄色い」
④ 첫인상「第一印象（直訳：初印象）」／어떻다「どうだ」：ヨ体⇒어때요／助詞一つで質問のニュアンスが変わるので、注意！　첫인상은 어때요？「ほかのことはともかく第一印象のことが知りたい」

104

🎧 文法をおさえよう

※요체⇒

✳(「ㅎ」パッチムがある文字の母音に) ㅏ/ㅓ ある ⇒ | ㅐ に変わる（ㅎも脱落）|

ㅑ ある ⇒ | ㅒ に変わる（ㅎも脱落）|

ㅕ ある ⇒ | ㅖ に変わる（ㅎも脱落）|

例）이렇다⇒(現在形)이래요. （過去形)이랬어요.

※ㅎ変則は形容詞だけで起こる活用（좋다は例外で正則活用）
※動詞⇒すべて正則活用

---

① **그래요**?

[基本形] 그렇다⇒ 語幹 **그렇**+ 語尾 ㅐ요?
　　　　　　　　　脱落

② 얼굴이 **빨개요**.

[基本形] 빨갛다⇒ 語幹 **빨갛**+ 語尾 ㅐ요
　　　　　　　　　脱落

③ 입술이 **파래요**?

[基本形] 파랗다⇒ 語幹 **파랗**+ 語尾 ㅐ요?
　　　　　　　　　脱落

④ 첫인상은 **어때요**?

[基本形] 어떻다⇒ 語幹 **어떻**+ 語尾 ㅐ요?
　　　　　　　　　脱落

⑤ 얼굴이 **하얘요**.

[基本形] 하얗다⇒ 語幹 **하얗**+ 語尾 ㅐ요
　　　　　　　　　脱落

⑥ **왜 그래요**? 무슨 일 있어요?

[基本形] 그렇다⇒ 語幹 **그렇**+ 語尾 ㅐ요?
　　　　　　　　　脱落

⑦ 어제 날씨는 **어땠어요**?

[基本形] 어떻다⇒ 語幹 **어떻**+ 語尾 ㅆ어요?
　　　　　　　　　脱落

⑧ 안개 때문에 하늘이 **뿌예요**.

[基本形] 뿌옇다⇒ 語幹 **뿌옇**+ 語尾 ㅖ요
　　　　　　　　　脱落

というニュアンス。**比較** 첫인상이 어때요? 「ただ第一印象のことを聞くだけ」というニュアンス。

⑤ **하얗다**「白い」 ＜**反対**＞ 까맣다「黒い」
⑥ **무슨 일** [무슨 닐]
⑧ **뿌옇다**「霞む」

36 ~느라(고)

～することによって、～するために
～しようとして、～しようとする（目的が原因で）

🔊 036

①	おばあちゃんの**世話をするために**、苦労が多かっただろう？	パンマル
②	部屋を探しに**行くことによって**、どれほど苦労したのか（すごく苦労した）。	パンマル
③	病気の介護を**するため**、最近体が疲れています。	요体
④	他の考えごとを**していて**聞くことができませんでした。	요体
⑤	引っ越しのお祝いを**するため**、ちょっと苦労をしました。	요体
⑥	ワールドカップ（の）試合を**見ていて**（それに気を取られ）仕事ができなかったんです。	요体
⑦	気持ちを**落ち着かせるために**深呼吸をしていました。	요体
⑧	バスを**待つために**、道（端）で立っていました。	요体

補足メモ

① 모시다「お世話をする」「養う」「仕える」：**댁까지 모시겠습니다.**「お宅までお供致します。」
② 방(을) 구하다「部屋を探す」
④ 딴생각「他のことを考えること」「他の考え」：**다른 생각**の縮約
⑤ 집들이「引越しのお祝い（引っ越しを祝うパーティー）」

❷ 文法をおさえよう

動詞の語幹＋느라（고）

※「～をしていてそれに気をとられ」という意味で訳すとより自然な意味になる場合がある。

※後の文章が命令や勧誘の内容の時には使用できない。

① 할머니 **모시느라고** 고생 많았지 ?

　　　　　　[基本形] 모시다⇒ 語幹 **모시**＋ 語尾 **느라고**

② 방을 구하러 **다니느라** 얼마나 고생했는지 .

　　　　　　[基本形] 다니다⇒ 語幹 **다니**＋ 語尾 **느라**

③ 병간호를 **하느라** 요즘 몸이 피곤해요 .

　　　　　　[基本形] 하다⇒ 語幹 **하**＋ 語尾 **느라**

④ 딴생각을 **하느라고** 못 들었어요 .

　　　　　　[基本形] 하다⇒ 語幹 **하**＋ 語尾 **느라고**

⑤ 집들이 **하느라고** 고생 좀 했어요 .

　　　　　　[基本形] 하다⇒ 語幹 **하**＋ 語尾 **느라고**

⑥ 월드컵 시합을 **보느라고** 일을 못 했어요 .

　　　　　　[基本形] 보다⇒ 語幹 **보**＋ 語尾 **느라고**

⑦ 마음을 **가다듬느라** 심호흡을 하고 있었어요 .

　　　　　　[基本形] 가다듬다⇒ 語幹 **가다듬**＋ 語尾 **느라**

⑧ 버스를 **기다리느라고** 길가에 서 있었어요 .

　　　　　　[基本形] 기다리다⇒ 語幹 **기다리**＋ 語尾 **느라고**

⑥ **시합** 「試合」: 参考 경기 「競技」
⑦ **가다듬다** 「落ちつける」「しずめる」
⑧ **길가 [길까]** 「道端」

37 ～ 다(가) 보다

～をしばらくしていたら、～しているうちに、
～していると、～していて(気づいたら)

🔊 037

① **生きていると**いろいろあるね。　

② **食べていて気づいたら**、一人で全部食べて
しまった。　

③ よく**会ったりすると**好きになるだろう。　

④ 毎日**練習をしていたら**上手になるだろう。　

⑤ **喧嘩をしているうちに**情がうつってしまった。　

⑥ 無我夢中で**走っていたら**彼女の家の前だった。　

⑦ 道を**歩いていたら**コンビニが一つ見える
はずです。　

⑧ 君のことを**考えていると**何もかもが(直訳:全てのことが)　
気になります。

―\補足メモ/―

① **별 일**「普通とは変わったこと」「まれなこと」: **별**「別」＋ **일**「仕事」「こと」
② **혼자**「一人」: 혼자서「一人で」という意味でもよく使われる。
③ **자꾸**「何度も何度も」「しきりに」「しょっちゅう」／**좋아지다**「好きになる」「よくなる」
④ **연습하다[연스파다]**「練習する」／**늘다**「伸びる」「増える」「増す」

● 文法をおさえよう

動詞の語幹+다(가) 보다

※「～する（行動）をしばらくしていれば」という意味。

① **살다 보니** 별 일이 다 있네 .

基本形 살다⇒ 語幹 **살**+ 語尾 **다 보니**

② **먹다 보니** 혼자 다 먹어 버렸다 .

基本形 먹다⇒ 語幹 **먹**+ 語尾 **다 보니**

③ 자꾸 **만나다 보면** 좋아질 거야 .

基本形 만나다⇒ 語幹 **만나**+ 語尾 **다 보면**

④ 매일 **연습하다 보면** 늘 거야 .

基本形 연습하다⇒ 語幹 **연습하**+ 語尾 **다 보면**

⑤ **싸우다가 보니까** 정이 들어 버렸다 .

基本形 싸우다⇒ 語幹 **싸우**+ 語尾 **다가 보니까**

⑥ 정신없이 **달리다 보니** 그녀의 집 앞이었다 .

基本形 달리다⇒ 語幹 **달리**+ 語尾 **다 보니**

⑦ 길 **가다 보면** 편의점이 하나 보일 거예요 .

基本形 가다⇒ 語幹 **가**+ 語尾 **다 보면**

⑧ 그대 **생각하다 보면** 모든 게 궁금해요 .

基本形 생각하다⇒ 語幹 **생각하**+ 語尾 **다 보면**

---

⑤ 정(이) 들다「情がうつる」「親しくなる」
⑥ 정신없이「無我夢中で」: 정신「精神」「魂」+ 없이「なく」
⑦ 편의점「直訳：便宜店」「コンビニ」
⑧ 그대「君」「あなた」「そなた」: 会話よりは主に文章、歌詞、時代劇などで用いられる。

38 ~ 다시피

~するがごとく、~のとおり、
(まるで)~することと変わらないように

🔊 038

---

① ただいま**言及したように**

---

② **逃げるように**家を出て行きました。　　　　　　요체

---

③ **見てのとおり**、会社には私しかいません。　　　요체

---

④ **ご覧のとおり**、今席がありません。　　　　　　요체

---

⑤ ほとんど**飢えてしまうほど**（直訳：飢えるがごとく）　요체
　　ダイエットをしました。

---

⑥ **ご存じのとおり**会社の資金の事情がよく　　　　요체
　　ありません。

---

⑦ 一時私が**入り浸っていた**（直訳：ほとんどそこに住んでいた）　니다체
　　友人の家です。

---

⑧ よく**知られているように**韓国（の）歌手は人気が　니다체
　　高いです。

＼補足メモ／

① **방금**「直訳：方今」「ただいま」
② **도망치다**「逃げる」「逃亡する」
④ **보시다**：**보다**「見る」の尊敬語
⑤ **굶다 [굼따]**「飢える」

(110)

📖 文法をおさえよう

語幹＋**다시피**

※形容詞には通常つかない。

---

① 방금 **언급했다시피**

> 基本形 언급하다⇒ 語幹 **언급하**+ 語尾 **였다시피**

② **도망치다시피** 집을 나갔어요.

> 基本形 도망치다⇒ 語幹 **도망치**+ 語尾 **다시피**

③ **보다시피** 회사에는 저밖에 없어요.

> 基本形 보다⇒ 語幹 **보**+ 語尾 **다시피**

④ **보시다시피** 지금 자리가 없어요.

> 基本形 보시다⇒ 語幹 **보시**+ 語尾 **다시피**

⑤ 거의 **굶다시피** 다이어트를 했어요.

> 基本形 굶다⇒ 語幹 **굶**+ 語尾 **다시피**

⑥ **아시다시피** 회사 자금 사정이 좋지 않아요.

> 基本形 아시다⇒ 語幹 **아시**+ 語尾 **다시피**

⑦ 한 때 내가 **살다시피** 하던 친구의 집입니다.

> 基本形 살다⇒ 語幹 **살**+ 語尾 **다시피**

⑧ 잘 **알려져 있다시피** 한국 가수는 인기가 많습니다.

> 基本形 있다⇒ 語幹 **있**+ 語尾 **다시피**

---

⑥ **아시다**：알다「分かる」「知る」の尊敬語
⑧ **알려지다**：알다「知る」⇒**알리다**「知らせる」+ **지다**「～なる」
⑧ **인기가 많다**「人気が高い」

39 ~ 도록

~するように、~するぐらい、
~するまで、~できるように、~するために

🔊 039

---

① 早く**寝るように**しなさい。 パンマル

---

② 昨日は**一晩中**、どこで何をしたの？ パンマル

---

③ **遅くならないように**これから気をつけて下さい。 요体

---

④ ジェジュンさんを**声がかれる**ほど応援しました。 요体

---

⑤ **壊れないように**しっかり包装して下さい。 요体

---

⑥ **風邪にかからないように**手をしょっちゅう
洗って下さい。 요体

---

⑦ 約束の時間が１時間**過ぎるまで**
現れなかったんです。 요体

---

⑧ この薬は食後に**服用するように**して下さい。 니다体

補足メモ

① 일찍「早く」: 比較 빨리「速く」「早く」「すばやく」「急いで」
② 밤(을) 새다「夜を明かす」
③ 늦지 않도록 [늗찌 안토록]
④ 재중 : 自然な発音は [チェジュン] ／ 목이 쉬다「声がかれる」

🅔 文法をおさえよう

動詞・存在詞の語幹＋도록

※後続の行為について方法や程度を表す時によく用いる。「～するぐらい」

※限界や時間の程度を表す時にも用いる。「～する（時間）まで」「～（の時間）になっても」

※主に動詞・存在詞と接続して、後続の行為について目的などを表す時にも用いる。「～するように」「～できるように」

例) 깨지지 않도록 포장해 주세요. 割れないようにラッピング（包装）して下さい。

---

① 일찍 **자도록** 해라 .

基本形 자다⇒ 語幹 **자**＋ 語尾 **도록**

---

② 어제는 **밤새도록** 어디서 뭐 한 거니 ?

名詞 **밤새**＋ 語尾 **도록**

---

③ **늦지 않도록** 앞으로 조심하세요 .

基本形 않다⇒ 語幹 **않**＋ 語尾 **도록**

---

④ 재중 씨를 **목이 쉬도록** 응원했어요 .

基本形 쉬다⇒ 語幹 **쉬**＋ 語尾 **도록**

---

⑤ **망가지지 않도록** 잘 포장해 주세요 .

基本形 않다⇒ 語幹 **않**＋ 語尾 **도록**

---

⑥ **감기에 걸리지 않도록** 손을 자주 씻으세요 .

基本形 않다⇒ 語幹 **않**＋ 語尾 **도록**

---

⑦ 약속 시간이 한 시간이 **넘도록** 나타나지 않았어요 .

基本形 넘다⇒ 語幹 **넘**＋ 語尾 **도록**

---

⑧ 이 약은 식후에 **복용하도록** 하십시오 .

基本形 복용하다⇒ 語幹 **복용하**＋ 語尾 **도록**

---

⑤ **포장하다**「直訳：包装する」「ラッピングする」: **포장해 주세요**＝**싸 주세요**「包んで下さい」

⑦ **넘다 [넘따]**「超える」「あふれる」

⑧ **식후**「食後」＜反対＞ **식전**「食前」

40 ~고도

～しても、～したにも（かかわらず）、
～でありながら

1. 人生は**長くもありながら**、短くもある。

2. **食べたのに**食べなかったふりをした。ごめん。

3. 若い時にする苦労はお金を**出しても**買えない。

4. 友達が呼んでいるのに、**聞いても**聞こえない
   ふりをした。

5. 二重まぶたの手術を**したけど**、してないふりを
   した。

6. さっきあんなにたくさん**食べたのに**、もうお腹が
   すいたの？

7. このような罪を**犯したにもかかわらず**、よく
   飯が喉を通るな。

8. あなたの気持ちを**わかっても**、わからないふりを
   しました。

\\補足メモ/

3. 젊다「若い」：**参考** 어리다「幼い」
5. 쌍꺼풀「二重まぶた」
7. 목구멍「喉」：목「首」＋구멍「穴」。목구멍の縮約として목だけでも「喉」を意味する。

114

🔵 文法をおさえよう

動詞の語幹＋**고 도**	⇒意味「〜したにもかかわらず相反する行動をする」

| 形容詞の語幹＋**고 도** | ⇒意味「〜でありながらまた異なる特質を持つ」① |

---

① 인생은 **길고도** 짧다 .

基本形 길다⇒ 語幹 **길**+ 語尾 **고 도**

② **먹고도** 안 먹은 척했다 . 미안 .

基本形 먹다⇒ 語幹 **먹**+ 語尾 **고 도**

③ 젊어서 고생은 돈을 **주고도** 못 산다 .

基本形 주다⇒ 語幹 **주**+ 語尾 **고 도**

④ 친구가 부르는데 **듣고도** 못 들은 척했다 .

基本形 듣다⇒ 語幹 **듣**+ 語尾 **고 도**

⑤ 쌍꺼풀 수술을 **하고도** 안 한 척했다 .

基本形 하다⇒ 語幹 **하**+ 語尾 **고 도**

⑥ 아까 그렇게 많이 **먹고도** 벌써 배가 고프니 ?

基本形 먹다⇒ 語幹 **먹**+ 語尾 **고 도**

⑦ 이런 죄를 **저지르고도** 밥이 목구멍으로 넘어가니 ?

基本形 저지르다⇒ 語幹 **저지르**+ 語尾 **고 도**

⑧ 당신의 마음을 **알고도** 모르는 척했어요 .

基本形 알다⇒ 語幹 **알**+ 語尾 **고 도**

41 ~더라도

~だとしても、(たとえ)~だとしても、
(いくら)~であっても、~である場合でも

🔊 041

---

① **疲れていても**化粧は落としてから寝て！ 〔パンマル〕

---

② **嫌だとしても**嫌な顔をするな。 〔パンマル〕

---

③ 食欲が**ないとしても**ご飯はちゃんと 〔パンマル〕
   食べないとね。

---

④ 他人が**何と言おうとも**私は君の味方だよ。 〔パンマル〕
   わかった？

---

⑤ 腹の立つことが**あっても**、声を張り上げないで 〔요体〕
   下さい。

---

⑥ その当時**としても**私の家は豊かな暮らしをして 〔요体〕
   いました。

---

⑦ 恋人が約束の時間に**遅れるとしても**怒らないで 〔요体〕
   下さい。

---

⑧ **おつらいとしても**耐えて待って下さい。 〔니다体〕

＼補足メモ／

② **내색하다**「顔に出す」「素振りをする」
③ **챙겨 먹다**：**챙기다**「取りそろえる」「準備する」＋ **먹다**「食べる」。バランスよく食べること。
④ **남**「他人」：参考 **타인**「直訳：他人」。日常会話では**남**のほうが頻繁に使われる。／**뭐라 하더라도**「何
と言おうとも」：縮約は**뭐래도**

🄮 文法をおさえよう

語幹＋더라도

※この表現の後に普通過去形を続けない。

※「極端な状況」か「否定的な状況」を仮定しながら話す際の連結語尾。

---

① **피곤하더라도** 화장은 지우고 자!

基本形 피곤하다⇒ 語幹 피곤하+ 語尾 더라도

② **싫더라도** 싫은 내색하지 마.

基本形 싫다⇒ 語幹 싫+ 語尾 더라도

③ 식욕이 **없더라도** 밥은 꼭 챙겨 먹어야지.

基本形 없다⇒ 語幹 없+ 語尾 더라도

④ 남들이 **뭐라 하더라도** 난 니 편이야. 알았지?

基本形 하다⇒ 語幹 하+ 語尾 더라도

⑤ 화나는 일이 **있더라도** 소리 지르지 마세요.

基本形 있다⇒ 語幹 있+ 語尾 더라도

⑥ 그 당시만 **하더라도** 우리 집은 잘살았었어요.

基本形 하다⇒ 語幹 하+ 語尾 더라도

⑦ 애인이 약속 시간에 **늦더라도** 화내지 마세요.

基本形 늦다⇒ 語幹 늦+ 語尾 더라도

⑧ **괴로우시더라도** 참고 기다려 주십시오.

基本形 괴로우시다⇒ 語幹 괴로우시+ 語尾 더라도

---

⑥ 잘살다「豊かな暮らしをする」：比較 잘 살다「元気に暮らす」「幸せに暮らす」
⑦ 애인「直訳：愛人」：애인は「恋人」「愛人」の使い分けをせず、"愛する人"を意味する。
⑧ 괴로우시다：괴롭다「苦しい」「つらい」の尊敬語。괴로우시더라도「おつらいとしても」と似た
　表現として괴로우셔도「おつらくても」があるが、前者のほうが仮定のニュアンスが強い。

42 ~게

~く、~に、~ように、~するように

🔊 042

---

① **幸せに**、元気に暮らしているの？

---

② がっくりせずに**堂々と**歩いて。わかった？

---

③ **楽しく**過ごしています。 요体

---

④ 花が**きれいに**咲きました。 요体

---

⑤ **楽しく**一緒に勉強しましょう。 요体

---

⑥ **寂しく**一人で育ったそうです。 요体

---

⑦ 甥・姪と一緒に**住むことに**なりました。 요体

---

⑧ 来年留学に**行くことに**なりました。 요体

＼補足メモ／

② 기(가) 죽다「弱気になる」「がっくりする」「気がめいる」：기は「気」。 参考 기(를) 꺾다「気をくじく」、기(를) 쓰다「ありったけの力を込める」「必死になる」、기(가) 막히다「(あまりのことに) あきれる」「非常にすばらしい」

③ 즐겁다「楽しい」「愉快だ」

118

🕹 文法をおさえよう

語幹＋게

※参考表現　動詞語幹＋게 되다　「～ことになる」

　　　　　　＋게 하다　「～ようにする・させる」

① **행복하게** 잘 살고 있니 ?

基本形 행복하다⇒ 語幹 **행복하**＋ 語尾 **게**

② 기죽지 말고 **당당하게** 걸어 . 알았지 ?

基本形 당당하다⇒ 語幹 **당당하**＋ 語尾 **게**

③ **즐겁게** 지내고 있어요 .

基本形 즐겁다⇒ 語幹 **즐겁**＋ 語尾 **게**

④ 꽃이 **예쁘게** 피었어요 .

基本形 예쁘다⇒ 語幹 **예쁘**＋ 語尾 **게**

⑤ **재미있게** 같이 공부해요 .

基本形 재미있다⇒ 語幹 **재미있**＋ 語尾 **게**

⑥ **외롭게** 혼자 자랐다고 해요 .

基本形 외롭다⇒ 語幹 **외롭**＋ 語尾 **게**

⑦ 조카하고 같이 **살게** 됐어요 .

基本形 살다⇒ 語幹 **살**＋ 語尾 **게**

⑧ 내년에 유학을 **가게** 되었어요 .

基本形 가다⇒ 語幹 **가**＋ 語尾 **게**

---

⑤ **재미있다**「面白い」「楽しい」：**재미**は「楽」「楽しさ」「面白み」「面白さ」。
⑦ **조카**「甥」「甥と姪」「兄弟の子供」

43 ~더니

~だったのに、~していたのに、~だと思っていたら、
~した後(すぐ)、~した途端、~たので、~たら、~ていたが

🔊 043

---

① **おしゃべりを**ちょっと**したら**、喉が痛いね。

---

② 昨日は**暑かったのに**今日は涼しい。

---

③ **テニスをしたら**、全身が痛むね。

---

④ 学校の先輩が私を**見た途端**、急に逃げたの。

---

⑤ 昨日は調子が**悪く見えたのに**、今日はちょっと
マシに見えるよ。

---

⑥ お兄ちゃんは窓の外を**見て**、初恋(の人)に
会いたいと言った。

---

⑦ 何日か**眠れずにいたら**ちょっと疲れました。

---

⑧ 昨日お酒をたくさん**飲み過ぎて**、お腹がちくちく
痛みます。 要体

\補足メモ/

① 수다를 떨다「おしゃべりをする」
③ 온 몸이 쑤시다「全身が痛む」
⑥ 창밖:창문의 밖「窓の外」という意味で、창「窓」と밖「外」の合成語。／했다「やった」「した」:
　ここでは말했다「言った」を意味する。

⊙ 文法をおさえよう

語幹 + 더니

았/었더니 → 主語は必ず一人称

① **수다를 좀 떨었더니** 목이 아프네 .

基本形 떨다 ⇒ 語幹 **떨** + 語尾 **었더니**

② 어제는 **덥더니** 오늘은 시원하다 .

基本形 덥다 ⇒ 語幹 **덥** + 語尾 **더니**

③ **테니스를 쳤더니** 온 몸이 쑤시네 .

基本形 치다 ⇒ 語幹 **치** + 語尾 **었더니**

④ 학교 선배가 나를 **보더니** 갑자기 도망갔어 .

基本形 보다 ⇒ 語幹 **보** + 語尾 **더니**

⑤ 어제는 **아파 보이더니** 오늘은 좀 나아 보인다 .

基本形 보이다 ⇒ 語幹 **보이** + 語尾 **더니**

⑥ 오빠는 창밖을 **보더니** 첫사랑이 보고 싶다고 했다 .

基本形 보다 ⇒ 語幹 **보** + 語尾 **더니**

⑦ 며칠 **잠을 못 잤더니** 좀 피곤하네요 .

基本形 자다 ⇒ 語幹 **자** + 語尾 **았더니**

⑧ 어제 술을 많이 **마셨더니** 속이 쓰려요 .

基本形 마시다 ⇒ 語幹 **마시** + 語尾 **었더니**

---

⑧ **속이 쓰리다**「おなかがちくちく痛む」

44 ~ ㄹ/을지

~するか、~するだろうか、~であろうか、
~なのか、~するつもりなのか

🔊 044

---

① 息子よ！お前が誰と**結婚するのか**本当に心配だ。　パンマル
はぁ。

---

② **ご存じかどうか**わかりませんが、実はですね。　　요体

---

③ 私が**お役に立つかどうか**わかりませんが。　　요体

---

④ 結果が**どうなるのか**全くわかりません。　　요体

---

⑤ この靴を**買うか買わないか**ためらっています。　　요体

---

⑥ どう**なさるおつもりか**見ておきましょう。　　니다体

---

⑦ 試験を**受けるかどうか**決めましたか？　　니다体

---

⑧ アメリカに**行くか行かないのか**、よく　　니다体
分かります。

＼補足メモ／

① 니：もともとは너「君」「お前」の方言で、네の口語体として頻繁に使われるようになった。네と내「私の」の発音が区別しにくいため、니を使う場合が多い。

⑤ 구두「靴」：比較 신발「履き物」

⑤ 망설이다「ためらう」「迷う」：参考 주저하다「直訳：躊躇する」

◉ 文法をおさえよう

✻(語幹の最後にパッチム)なし | 語幹+ **ㄹ 지**

あり | 語幹+ **을 지**

※ ㄹパッチム用言：語幹からパッチムㄹを脱落させ + ㄹ 지　例) 살다⇒살지

※ 過去形 ⇒ **았/었을지**

---

① 아들아! 니가 누구랑 **결혼할지** 정말 걱정이다. 아이고.

[基本形] 결혼하다⇒ 語幹 **결혼하**+ 語尾 **ㄹ지**

② **아실지** 모르겠지만, 사실은요.

[基本形] 아시다⇒ 語幹 **아시**+ 語尾 **ㄹ지**

③ 제가 **도움이 될지** 모르겠는데요.

[基本形] 되다⇒ 語幹 **되**+ 語尾 **ㄹ지**

④ 결과가 **어떨지** 통 알 수(가) 없어요.

[基本形] 어떻다⇒ 語幹 **어떻**+ 語尾 **ㄹ지** 脱落

⑤ 이 구두를 **살지 말지** 망설이고 있어요.

[基本形] 말다⇒ 語幹 **말**+ 語尾 **ㄹ지** 脱落

⑥ 어떻게 **하실지** 두고 봅시다.

[基本形] 하시다⇒ 語幹 **하시**+ 語尾 **ㄹ지**

⑦ 시험을 **볼지 말지** 결정했습니까?

[基本形] 말다⇒ 語幹 **말**+ 語尾 **ㄹ지** 脱落

⑧ 미국에 **갈지 안 갈지** 잘 모르겠습니다.

[基本形] 가다⇒ 語幹 **가**+ 語尾 **ㄹ지**

---

⑥ **두고 보다**「時間をかけて（様子・結果などを）見る」: 51課③を参照。

⑦ **시험을 보다**「試験を受ける」:＝**시험을 치르다**／**결정하다**「決定する」: 参考 **정하다**「決める」「定める」

⑧ **미국**「直訳：美国」「アメリカ」

45 ~(으)라고

~しろと、~するために、
~しろってば、~しろと言ったよ

 045

| 1 | お願いだから家に**戻れってば**。 | パンマル |

| 2 | 私一人で**帰ってということ**？ 怖いよ。ハニー。 | パンマル |

| 3 | **気をつけるように**と言われました。 | 요体 |

| 4 | 息子が服を**買うように**とお金をくれました。 | 요体 |

| 5 | 夫がカツラを一つ**買いなさい！**と言いました。 | 요体 |

| 6 | 毎日、経済新聞を**読むように**言われました。 | 요体 |

| 7 | 自分の分まで一生懸命に**生きろ！**と言われました。 | 요体 |

| 8 | 若く**見えるように**髪を伸ばし始めました。 | 요体 |

――― \補足メモ/―――

1 돌아가다「帰る」「戻る」

2 무섭다「怖い」「恐ろしい」

7 자기「直訳：自己」：もともとは「自分」を意味したが、自分自身を愛するくらい愛している相手を
　呼ぶ時にも頻繁に使われる。**자기야**「ハニー」／**몫**「取り分」「持ち分」

🅒 文法をおさえよう

✱ (語幹の最後にパッチム) なし | 語幹 ＋ 라고

あり | 語幹 ＋ 으라고

※ ㄹパッチム用言：パッチムなし用言と同じ接続

例) 살다⇒살라고

※ 話し手が命令・主張、提案を繰り返して表現するか、強調する時の語尾。①

※ 質問に対して再度確認する時や否定する意味で使う時の終結語尾。②

---

① 제발 집에 **돌아가라고** .

基本形 돌아가다⇒ 語幹 **돌아가**＋ 語尾 **라고**

② 나 혼자서 **돌아가라고** ? 무서워 . 자기야 .

基本形 돌아가다⇒ 語幹 **돌아가**＋ 語尾 **라고**

③ **조심하라고** 했어요 .

基本形 조심하다⇒ 語幹 **조심하**＋ 語尾 **라고**

④ 아들이 옷을 **사라고** 돈을 줬어요 .

基本形 사다⇒ 語幹 **사**＋ 語尾 **라고**

⑤ 남편이 가방을 하나 **사라고** 했어요 .

基本形 사다⇒ 語幹 **사**＋ 語尾 **라고**

⑥ 매일 경제신문을 **읽으라고** 했어요 .

基本形 읽다⇒ 語幹 **읽**＋ 語尾 **으라고**

⑦ 자기 몫까지 열심히 **살라고** 했어요 .

基本形 살다⇒ 語幹 **살**＋ 語尾 **ㄹ라고**
脱落

⑧ 젊어 **보이라고** 머리를 기르기 시작했어요 .

基本形 보이다⇒ 語幹 **보이**＋ 語尾 **라고**

---

⑧ **젊어 보이다** 「若く見える」

46 ~(으)라는데

~しろと言うんだけど(ね)、~しろって言われているけど
~だというから、~だという話だけど

🔊 046

①	彼氏の家から**来るように言われたけど**、 行きたくないの。	パンマル
②	今日中に全部**売るように言われたけど**、どう やって全部売るの？（全部売るのは難しいでしょう？）	パンマル
③	早く書類を**提出しろと言われたけど**、書類が ないの。	パンマル
④	社長が明日は早く**出勤しろと言うんだけどね**。	パンマル
⑤	**花より団子と言うから**先に食べてから考えよう！	パンマル
⑥	私ではなく（私の）お姉ちゃんのことが**好きだと** **言うんだけどね**。	パンマル
⑦	結婚式の時、ハンボク(韓服)を**着るように言われたけど**、 ハンボク(韓服)を持っていません。	요体
⑧	韓国ではご飯をスプーンで**食べるように言われたけど**、 箸で食べてしまいます。	요体

――― 補足メモ ―――

④ 出勤「出勤」 ⇐ 反対 ⇒ 退勤「退勤」

⑤ 금강산도 식후경「金鋼山も食後の見物（直訳：食後景）だ」：日本の諺に直せば「花より団子」となる。
　／ ~이라는데「~だというから」「~だという話だけど」：聞いた話の内容を伝えたり、有名な言葉
　を引用しながら自分の考えを表したりする時に使う。ここは指定詞の表現で、「~しろ」という命令

◉ 文法をおさえよう

✳（語幹の最後にパッチム）なし | 語幹＋라는데

あり | 語幹＋으라는데

※ ㄹパッチム用言：パッチムなし用言と同じ接続　例）살다⇒살라는데
※指定詞の現在形→ ～ (이)라는데、아니라는데

【参考】話し手が聞いた話を、余韻を残しつつ相手に伝える終結語尾「～なんだって」⑥

〈動詞〉（語幹の最後にパッチム）なし | 語幹＋ㄴ다는데
あり | 語幹＋는다는데

〈形容詞・存在詞〉＋ | 語幹＋다는데

---

① 남자친구 집에서 **오라는데** 가기 싫어 .

基本形 오다⇒ 語幹 **오**＋ 語尾 라는데

② 오늘 중으로 다 **팔라는데** 어떻게 다 팔아 ?

基本形 팔다⇒ 語幹 **팔**＋ 語尾 ㄹ라는데 ㄹ脱落

③ 빨리 서류 **제출하라는데** 서류가 없어 .

基本形 제출하다⇒ 語幹 **제출하**＋ 語尾 라는데

④ 사장님이 내일은 일찍 **출근하라는데** .

基本形 출근하다⇒ 語幹 **출근하**＋ 語尾 라는데

⑤ **금강산도 식후경이라는데** 일단 먹고나서 생각하자 !

基本形 이다⇒ 語幹 **이**＋ 語尾 라는데

⑥ 내가 아니라 우리 언니를 **좋아한다는데** .

基本形 좋아하다⇒ 語幹 **좋아하**＋ 語尾 ㄴ다는데

⑦ 결혼식 때 한복을 **입으라는데** 한복이 없어요 .

基本形 입다⇒ 語幹 **입**＋ 語尾 으라는데

⑧ 한국에서는 밥을 숟가락으로 **먹으라는데** 젓가락으로 먹게 돼요 .

基本形 먹다⇒ 語幹 **먹**＋ 語尾 으라는데

の意味は含まれない。⑥も同様。

⑥ **좋아한다는데** 「好きなんだって」： 話し手が、聞いた話を余韻を残しつつ相手に伝える用法。

주세요 [チュセヨ] と [ジュセヨ]、正しい発音は? 濁音化マスター①

　韓国語を勉強していない方でも知っている表現の一つ、**주세요**「下さい」! しかし、この**주세요**を発音する時に [チュセヨ] と発音するのか [ジュセヨ] と発音するのか、いったいどちらが正しいのか混乱する方も少なくないと思います。結論から言うと、どちらも正しいです。

　ポイントは自然な発音なのかどうかが問題でしょう。自然な発音と聞き取りのため、本書の「補足メモ」にも何回か説明を入れていますが、**주세요**は、

・前の表現と少し間をあけて言う場合は、[チュセヨ]

・間をあけずにつなげる感じで言う場合は、濁音化され [～ジュセヨ]

と発音します。ですから、**하나 주세요.**「一つ下さい。」の場合、**주세요**にすぐ前の言葉をくっつけて発音したい場合は [ハナジュセヨ]、ちょっと間をあけて言う場合は [ハナ チュセヨ] と発音するととても自然になるのです。──「先生!一つ質問があります」という皆さんの声が聞こえてくる (笑)!「間はどのくらいあけたらいいでしょうか?」そのような質問があると思いました。＾＾それはあくまでも主観的な感覚なので、0.2秒でも1秒でも構いません。

　注意点としては、最初の文字を濁る音で強く発音しないでください。**괜찮아요!** [グェンチャナヨ] は NG!お勧めは [クェンチャナヨ]。それでも、韓国語の自然な発音について悩まれている方もいらっしゃるかもしれません。しかし、一気にうまくなりますから、心配しないでください。

　皆さんの母語である日本語で考えてみましょう。「傘」の日本語の発音は [カサ] です。「日傘」は [ヒガサ] になりますよね? なぜ [カサ] が [ガサ] になったのでしょうか? その理由は、[カ] の前に [ヒ] があったからです。[カ] の前に何もない場合、「[ガサ] はどこ?」とは言いません。

　「時計 [トケイ]」も同じ原理です。例えば、単独で言う場合は前に何の音もないので [トケイ]、「腕」「砂」が前にある場合は、[ウデドケイ] [スナドケイ] になります。このような原理は韓国語でも見られると思ってください。これできっと韓国語の自然な発音ができるようになるはずです。

Part 2

未来・過去連体形を
マスターしよう！

47 ~ㄹ/을(未来連体形)

🔊 047

[1] ここがこれから私たちが一緒に**住む**家だよ。 パンマル

[2] 夜遅くまでここに**いる**と思います。 요体

[3] 私の話を**聞いてくれる**人が誰もいません。 요体

[4] 二度とその人に**会う**つもりはありません。 요体

[5] 佐島教授の研究室に**行く**予定です。 니다体

[6] 冷蔵庫の中にはいつも**飲み**物を入れておきます。 니다体

[7] 今回の駅はノウォン！ ノウォン駅です。 니다体
降りられるドアは右側です。

[8] タンゴゲ方面に**行かれる**お客様は、今回の駅で 니다体
列車をお乗り換え下さい。

補足メモ

[3] **들어주다**「聞いてあげる・くれる」：**듣다**「聞く」＋**주다**「あげる・くれる」
[6] **마실 것**「飲み物」
[7] **이번 역**「直訳：今回（の）駅」：日本では「次の駅」と訳される。／**내리시다**：**내리다**「降りる」の尊敬語

❷ 文法をおさえよう

✱（語幹の最後にパッチム）なし　| 動詞・存在詞の語幹＋ㄹ |

　　　　　　　　　あり　| 動詞・存在詞の語幹＋을 |

※ㄹパッチム用言：語幹からパッチムㄹを脱落させ＋ㄹ　　例）살다⇒살

---

① 여기가 앞으로 우리가 같이 **살** 집이야 .

　　　　　　基本形 살다⇒　語幹 **사**+ 語尾 **ㄹ**

② 밤 늦게까지 여기에 **있을** 것 같아요 .

　　　　　　基本形 있다⇒　語幹 **있**+ 語尾 **을**

③ 내 이야기를 **들어줄** 사람이 아무도 없어요 .

　　　　　　基本形 들어주다⇒　語幹 **들어주**+ 語尾 **ㄹ**

④ 두 번 다시 그 사람을 **만날** 생각이 없어요 .

　　　　　　基本形 만나다⇒　語幹 **만나**+ 語尾 **ㄹ**

⑤ 사지마 교수님 연구실에 **갈** 예정입니다 .

　　　　　　基本形 가다⇒　語幹 **가**+ 語尾 **ㄹ**

⑥ 냉장고 안에는 항상 **마실** 것을 넣어 둡니다 .

　　　　　　基本形 마시다⇒　語幹 **마시**+ 語尾 **ㄹ**

⑦ 이번 역은 노원 ! 노원역입니다 . **내리실** 문은 오른쪽입니다 .

　　　　　　基本形 내리시다⇒　語幹 **내리시**+ 語尾 **ㄹ**

⑧ 당고개 방면으로 **가실** 손님은 이번 역에서 열차를
갈아타시기 바랍니다 .　　基本形 가다⇒　語幹 **가**+ 語尾 **ㄹ**

---

⑧ **가시다** : **가다**「行く」の尊敬語／**갈아타시다** : **갈아타다**「乗り換える」の尊敬語

48

未来連体形 + **때** 〜する時
未来連体形 + **때마다** 〜するたびに、〜するといつも
未来連体形 + **때까지** 〜するまで(に)

🔊 048

① 私が**愛嬌を振りまく時**、可愛い？ 　　　　パンマル

② 男を**選ぶ時**は顔だけ見てはいけない。 　　パンマル

③ ご飯を**食べる時**はこぼさないで。お前は
　赤ちゃんなの？ 　　　　　　　　　　　　パンマル

④ エレベーターに**乗られる時**は、気を付けて
　下さい。 　　　　　　　　　　　　　　　　요体

⑤ 仕事が**終わるまで**待って下さい。 　　　　요体

⑥ イベントを**やってあげるたびに**妻は泣きます。 　요体

⑦ **つらくなるたびに**教会に行って祈ります。 　니다体

⑧ 電車(直訳:電動車)が**進入する時**は、一歩お下がり
　下さい。 　　　　　　　　　　　　　　　　니다体

―― 補足メモ ――

① 애교부리다「愛嬌を振りまく」：＝애교떨다
③ 흘리다「こぼす」「流す」／애기「赤ちゃん」：아기の誤りとされるが、実際にはよく使われる。
④ 엘리베이터「エレベーター」：つづりに注意！ 엘레베이터（×）
⑤ 일이 끝나다「仕事が終わる」：**比較** 일을 끝내다「仕事を終える」：일을 끝나다（×）일이 끝내다（×）

文法をおさえよう

＊ （語幹の最後にパッチム）なし | 語幹 + ㄹ　때

あり | 語幹 + 을　때

※ ㄹパッチム用言：語幹からパッチム ㄹ を脱落させ + ㄹ　때
例）살다⇒살 때

---

① 내가 **애교부릴 때** 예뻐?

〔基本形〕부리다⇒ 語幹 **부리** + 語尾 ㄹ 때

② 남자를 **고를 때(는)** 얼굴만 보면 안 돼!

〔基本形〕고르다⇒ 語幹 **고르** + 語尾 ㄹ 때

③ 밥 **먹을 때** 흘리지 좀 마! 니가 애기야?

〔基本形〕먹다⇒ 語幹 **먹** + 語尾 을 때

④ 엘리베이터 **타실 때** 조심하세요.

〔基本形〕타시다⇒ 語幹 **타시** + 語尾 ㄹ 때

⑤ 일이 **끝날 때까지** 기다리세요.

〔基本形〕끝나다⇒ 語幹 **끝나** + 語尾 ㄹ 때

⑥ 이벤트를 **해 줄 때마다** 와이프가 울어요.

〔基本形〕주다⇒ 語幹 **주** + 語尾 ㄹ 때 마다

⑦ **힘들 때마다** 교회에 가서 기도합니다.

〔基本形〕힘들다⇒ 語幹 **힘들** + 語尾 ㄹ 때 마다
↳ 脱落

⑧ 전동차가 **진입할 때**에는 한 걸음 물러서 주시기 바랍니다.

〔基本形〕진입하다⇒ 語幹 **진입하** + 語尾 ㄹ 때

---

⑥ **와이프**：英語の wife を韓国式英語にした単語。**아내**, **처**以上に頻繁に使われる表現。
⑧ **전동차**「電動車」：案内放送だけで使う言葉。この文は実際のアナウンス。**参考 열차**「列車」 **지하철**「地下鉄」 **전철**「電鉄」／**한 걸음**「一歩」／**물러서다**「下がる」「身を引く」「後退する」

49 未来連体形＋정도

～するくらい、～するほど

🔊 049

①	子供の時は歌手を**してもいいくらい**歌が 上手かったです。	요체
②	私の知人はお金を**数え切れないほどの** お金持ちです。	요체
③	すぐ**入院しなければならないほど**ですか？	니다체
④	いいえ。**それほどでは**ありません。	니다체
⑤	涙が**出るほど**ほんとうに嬉しかったです。	니다체
⑥	ご飯を食べる時間も**ないくらい**忙しいです。	니다체
⑦	毎日夢に**出るくらい**そのスターが好きでした。	니다체
⑧	寝言を韓国語で**言うくらい**一生懸命に 勉強しました。	니다체

――＼補足メモ／―――
③ **입원하다**「入院する」 ←反対→ **퇴원하다**「退院する」
⑤ **눈물이 나다**「涙が出る」
⑦ **꿈에 나오다**「夢に出てくる」

⊘ 文法をおさえよう

✱（語幹の最後にパッチム）なし | 語幹＋ㄹ 정도

あり | 語幹＋을 정도

※ㄹパッチム用言：語幹からパッチムㄹを脱落させ＋ㄹ 정도

※主に、物事の状態などを主観的な感情で伝える時に使われる。

※이/그/저と一緒に이 정도、그 정도、저 정도の形で用いることもできる。④

---

① 아이 때는 가수를 **해도 될 정도로** 노래를 잘했어요.

基本形 되다⇒ 語幹 되＋ 語尾 ㄹ 정도로

② 제 지인은 돈을 **셀 수 없을 정도로** 부자예요.

基本形 없다⇒ 語幹 없＋ 語尾 을 정도로

③ 당장 **입원해야 할 정도입니까**?

基本形 입원하다⇒ 語幹 입원하＋ 語尾 여야 할 정도

④ 아니요. **그 정도까지는** 아닙니다.

⑤ 눈물이 **날 정도로** 정말 기뻤습니다.

基本形 나다⇒ 語幹 나＋ 語尾 ㄹ 정도로

⑥ 밥 먹을 시간도 **없을 정도로** 바쁩니다.

基本形 없다⇒ 語幹 없＋ 語尾 을 정도로

⑦ 매일 꿈에 **나올 정도로** 그 스타를 좋아했습니다.

基本形 나오다⇒ 語幹 나오＋ 語尾 ㄹ 정도로

⑧ 잠꼬대를 한국어로 **말할 정도로** 열심히 공부했습니다.

基本形 말하다⇒ 語幹 말하＋ 語尾 ㄹ 정도로

50

未来連体形＋것 없다

〜することはない、〜する必要はない

🔊 050

---

① お前は何も**心配すること(は)ない**。お母さん
だけ信じて。 `パンマル`

---

② 私は君の友達じゃない？ そんなに**申し訳ないと
思う必要はないよ**。 `パンマル`

---

③ 私が駅まで迎えに行こうか？
―わざわざ**来る必要(は)ないよ**。 `パンマル`

---

④ 長々と**話さずに**、要点だけ言うね。私たち
別れよう。 `パンマル`

---

⑤ 私が代わりにお父さんに言ってあげようか？
―わざわざ**そうする必要ない**。 `パンマル`

---

⑥ お母さんがおっしゃった話、あまり**気に病む
ことはないですよ**。 `요体`

---

⑦ 事実かどうか**調べる必要があるんでしょうかね**？ `요体`

---

⑧ そんなに**怒る必要はありません**。私たちにも
少しは責任があります。 `요体`

＼ 補足メモ ／

①②③⑤ **거** : **것**「こと」を日常会話では**거**と言う場合が多い。
⑤ **그럴 것 없다** : 相手の言った言葉に対して、その必要がないと思う時に用いる。
⑥ **신경 쓰다**「気を使う」「気にする」「気を配る」: **신경**「直訳：神経」＋**쓰다**「直訳：使う」
⑧ **화내다**「怒る」「腹を立てる」

🔵 文法をおさえよう

✱（語幹の最後にパッチム）なし | 語幹＋ㄹ 것 없다

あり | 語幹＋을 것 없다

※ ㄹパッチム用言：語幹からパッチムㄹを脱落させ＋ㄹ 것 없다

※類似表現　~ㄹ/을 필요 없다

---

① 너는 아무 **걱정할 거 없어**. 엄마만 믿어.

基本形 걱정하다⇒ 語幹 **걱정하**＋ 語尾 ㄹ 거 없어

② 난 니 친구잖아. 그렇게 **미안해할 거 없어**.

基本形 미안해하다⇒ 語幹 **미안해하**＋ 語尾 ㄹ 거 없어

③ 내가 역까지 마중 나갈까? ― 일부러 **올 거 없어**.

基本形 오다⇒ 語幹 **오**＋ 語尾 ㄹ 거 없어

④ 긴말 **할 것 없고**. 요점만 말할게. 우리 헤어져.

基本形 하다⇒ 語幹 **하**＋ 語尾 ㄹ 것 없고

⑤ 내가 아버지한테 대신 말해 줄까? ― 일부러 **그럴 거 없어**.

基本形 그렇다⇒ 語幹 **그렇**＋ 語尾 ㄹ 거 없어
ㅎ脱落

⑥ 어머니가 하신 말씀, 크게 **신경 쓸 것 없어요**.

基本形 쓰다⇒ 語幹 **쓰**＋ 語尾 ㄹ 것 없어요

⑦ 사실인지 아닌지 **알아볼 필요가 있나요**?

基本形 알아보다⇒ 語幹 **알아보**＋ 語尾 ㄹ 필요가 있나요?

⑧ 그렇게 **화낼 필요 없어요**. 우리한테도 조금은 책임이 있어요.

基本形 화내다⇒ 語幹 **화내**＋ 語尾 ㄹ 필요 없어요

---

51 未来連体形＋테니까

～するだろうから、～のつもりだから、～はずだから

 051

① 私が**手伝ってあげるから**、心配しないで。 [パンマル]

② 私も**やるから**一緒にやろう。 [パンマル]

③ **成功するから**見ていて下さい。 [요体]

④ 先に**行くから**、後から来て下さい。 [요体]

⑤ 私がご飯を**おごるから**、ミノさんはコーヒーを
おごって下さい。 [요体]

⑥ 何の問題も**ないはずだから**、心配しないで下さい。 [요体]

⑦ 私は仕事を終えて**行きますから**、先に行って
おいて下さい。 [요体]

⑧ 道が**混むはずだから**少し後に出発しましょう。 [니다体]

―――――\ 補足メモ /―――――

① 도와주다「助けてあげる・くれる」「手伝ってあげる・くれる」: 돕다「助ける」「手伝う」＋ 주다「あげる・くれる」

③ 두고 보다「時間をかけて（様子、結果などを）見る」: たとえば**어디 두고 보자！**は、悔しいこと
をされた時、「相手が上手く行くかどうか見てやる！ 今に見てろ！」と怒って言う慣用句。

◎ 文法をおさえよう

＊（語幹の最後にパッチム）なし | 語幹＋ㄹ 테니까

あり | 語幹＋을 테니까

※ ㄹパッチム用言：語幹からパッチムㄹを脱落させ＋ㄹ 테니까
例）살다 ⇒ 살 테니까

---

① 내가 **도와줄 테니까** 걱정하지 마!

基本形 도와주다⇒ 語幹 **도와주**+ 語尾 ㄹ 테니까

② 나도 **할 테니까** 같이 하자.

基本形 하다⇒ 語幹 **하**+ 語尾 ㄹ 테니까

③ **성공할 테니까** 두고 보세요.

基本形 성공하다⇒ 語幹 **성공하**+ 語尾 ㄹ 테니까

④ 먼저 **갈 테니까** 나중에 오세요.

基本形 가다⇒ 語幹 **가**+ 語尾 ㄹ 테니까

⑤ 제가 밥을 **살 테니까**, 민호씨는 커피를 사세요.

基本形 사다⇒ 語幹 **사**+ 語尾 ㄹ 테니까

⑥ 아무 문제도 **없을 테니까** 걱정하지 마세요.

基本形 없다⇒ 語幹 **없**+ 語尾 을 테니까

⑦ 전 일을 끝내고 **갈 테니까** 먼저 가 계세요.

基本形 가다⇒ 語幹 **가**+ 語尾 ㄹ 테니까

⑧ 길이 **복잡할 테니까** 조금 이따가 출발합시다.

基本形 복잡하다⇒ 語幹 **복잡하**+ 語尾 ㄹ 테니까

---

⑤ **밥(을) 사다**「ご飯を買う」：転じて「おごる」こと。
⑥ **아무**「何の」：参考 **아무런**「どんな」
⑦ **일을 끝내다**「仕事を終える」：**일이 끝내다**と言わないように注意！
⑧ **복잡하다**「直訳：複雑だ」「ややこしい」

52 未来連体形＋뻔했다

～しそうになった、～するところだった

🔊 052

① あまりにも若く見えるから、お嬢さんと**錯覚しそうになった**よ。	パンマル
② あまりにもきれいで天使と**錯覚しそうだった**よ。	パンマル
③ 前をちゃんと見て歩かないと。**ぶつかりそうだった**じゃない。	パンマル
④ 私のせいで男二人が殴り合いの**喧嘩になるところでした。**	요体
⑤ あまりにも急いで走って行って（その途中で）、**交通事故になるところでした。**	요体
⑥ 私のおじさんはあまりにもお人好しで、**詐欺に遭う**(直訳:詐欺される)**ところでした。**	요体
⑦ あまりにもたくさん食べ過ぎて、お腹が**はちきれそうでした。**	요体
⑧ ヒールの高い靴を履いて歩いていて、道で**転びそうになりました。**	요体

―― \補足メモ/ ――

① 착각「錯覚」
③ 부딪히다 [부디치다]
⑤ 뛰어가다「走って行く」／교통사고가 나다「交通事故が起こる」「交通事故になる」：
교통사고**에** 되다は間違い。

文法をおさえよう

✱ (語幹の最後にパッチム)なし | 語幹＋ㄹ 뻔했다

あり | 語幹＋을 뻔했다

※ **ㄹ パッチム用言**：語幹からパッチム ㄹ を脱落させ＋ㄹ 뻔했다
例) 살다 ⇒ 살 뻔했다

---

① 너무 젊게 보여서 아가씨로 **착각할 뻔했잖아** .

基本形 착각하다⇒ 語幹 **착각하**+ 語尾 ㄹ 뻔했잖아

② 너무 예뻐서 천사로 **착각할 뻔했잖아** .

基本形 착각하다⇒ 語幹 **착각하**+ 語尾 ㄹ 뻔했잖아

③ 앞을 똑바로 보고 걸어야지 . **부딪힐 뻔했잖아** .

基本形 부딪히다⇒ 語幹 **부딪히**+ 語尾 ㄹ 뻔했잖아

④ 나 때문에 남자 둘이 치고받고 **싸울 뻔했어요** .

基本形 싸우다⇒ 語幹 **싸우**+ 語尾 ㄹ 뻔했어요

⑤ 너무 급하게 뛰어가다가 **교통사고(가) 날 뻔했어요** .

基本形 나다⇒ 語幹 **나**+ 語尾 ㄹ 뻔했어요

⑥ 우리 삼촌은 너무 사람이 좋아서 **사기당할 뻔했어요** .

基本形 사기당하다⇒ 語幹 **사기당하**+ 語尾 ㄹ 뻔했어요

⑦ 너무 많이 먹어서 배가 **터질 뻔했어요** .

基本形 터지다⇒ 語幹 **터지**+ 語尾 ㄹ 뻔했어요

⑧ 굽이 높은 구두를 신고 걸어가다가 길에서 **넘어질 뻔했어요** .

基本形 넘어지다⇒ 語幹 **넘어지**+ 語尾 ㄹ 뻔했어요

---

⑥ **삼촌**：「おじ」「父の兄弟」とされているが、実際では父の兄は**큰아버지**、父の弟は**작은아버지**、母の兄弟は**외삼촌**と呼ぶケースが多い。また、**외삼촌**の短縮形として**삼촌**がよく用いられるが、この**삼촌**は「親しくしているお兄ちゃんとおじさんの間の年齢の男性」の意で使われる場合も多い。

53 未来連体形＋망정

～けれども、(たとえ)～であるとも、～といえども、
(もし)～になるとしても、(もし)～することがあっても

 053

---

① **貧しくとも**泥棒はしないよ。 パンマル

---

② 頭は**悪いけれども**心は優しい子だよ。 パンマル

---

③ 私が年をとっていて体は**弱くても**、気持ちだけは パンマル
若いよ。

---

④ 試験に**落ちるとしても**、他人のものを書き パンマル
写したりはしないよ。

---

⑤ いっそ**死ぬことになっても**、その人に謝ることは パンマル
できない！ いや、しない！

---

⑥ 早く病院に**行ったからよかったものの**、そうでなければ パンマル
ほんとうに大変なことになるところだった。

---

⑦ ハニーが**電話をかけてくれたからよかったものの**、 パンマル
そうじゃなかったら朝寝坊するところだった。

---

⑧ 韓国語が**できたからよかったものの**、タクシー代を パンマル
ぼられるところだった。

補足メモ

① 도둑「泥棒」⇒도둑질「盗み」「盗むこと」「万引き」
③ 약하다「弱い」 **反対** 강하다「強い」／ 젊다 [점따]「若い」 **反対** 늙다 [늑따]「老ける」「年をとる」
⑦ 늦잠「朝寝坊」： **参考** 낮잠「昼寝」
⑦ 자기「直訳：自己」「自分」「自分自身」：自分自身と同じくらい愛している人を**자기 (야)** と呼ぶ場合

◎ 文法をおさえよう

✳ (語幹の最後にパッチム)なし | 語幹＋**ㄹ망정**

あり | 語幹＋**을망정**

※ ㄹパッチム用言：語幹からパッチムㄹを脱落させ＋**ㄹ망정**
例) 살다 ⇒ 살망정

※ **할망정 ＝ 할지언정**

---

① **가난할망정** 도둑질은 안 해.

基本形 가난하다⇒ 語幹 **가난하**+ 語尾 **ㄹ 망정**

② 머리는 **나쁠망정** 마음은 착한 애야.

基本形 나쁘다⇒ 語幹 **나쁘**+ 語尾 **ㄹ 망정**

③ 내가 나이들어서 몸은 **약할망정** 마음은 젊어.

基本形 약하다⇒ 語幹 **약하**+ 語尾 **ㄹ 망정**

④ 시험에 **떨어질망정** 남의 것을 베끼지는 않아.

基本形 떨어지다⇒ 語幹 **떨어지**+ 語尾 **ㄹ 망정**

⑤ 차라리 **죽을망정** 그 사람한테 사과는 못 해! 아니, 안 해!

基本形 죽다⇒ 語幹 **죽**+ 語尾 **을 망정**

⑥ 빨리 병원에 **갔으니 망정이지**, 안 그랬으면 정말
큰일 날 뻔했다. 基本形 가다⇒ 語幹 **가**+ 語尾 **았으니 망정이지**

⑦ 자기가 **전화해 줬으니 망정이지**, 안 그랬으면 늦잠 잤을거야.

基本形 주다⇒ 語幹 **주**+ 語尾 **었으니 망정이지**

⑧ 한국어를 **할 줄 알았기에 망정이지**, 택시비를 바가지 쓸 뻔했잖아.

基本形 알다⇒ 語幹 **알**+ 語尾 **ㄹ았기에 망정이지**
↳脱落

もよくある。

⑥ 主に **~니**, **~기에**, **~니까**, **~아 / 어서**の後に付き、**망정이지**の形で用いられる。結果的にうまく
解決できてよかったことを表す（⑦⑧も同様）。「〜したからよかったものの」

⑧ **바가지(를) 쓰다**「ぼられる」

54

過去連体形＋후/다음/뒤(에)

〜した後に

🔊 054

① 小麦粉を**入れた後に**、水を入れないとね。 　バンマル

② 駅に**到着した後に**、また電話してくれる？ 　バンマル

③ **別れた後に**、その人から手紙が来てたの。 　バンマル

④ 手紙を**受け取った後に**、どうした？ すぐに会ったの？ バンマル

⑤ **会った後に**、何(を)した？ 付き合うことにした？ バンマル
あら、すごく気になる。

⑥ **プロポーズした後に**、抱きしめてくれたよ。 　バンマル

⑦ あら、どういうことなの。**結婚した後に**、どこで バンマル
住むつもり？

⑧ ひとまず**食べた後に**話をしよう！ 　バンマル

―――＼補足メモ／―――

① 밀가루 [밀까루]
② 다시 「再び」：参考 또 「また」／전화 줄래？「電話くれる？」：参考 전화 줘 .「電話ちょうだい」
⑦ 어머 「あら」「まあ」／웬일 [웬닐] 「どういうこと」「どうしたこと」「何ごと」
⑧ 일단 [일딴] 「直訳：一旦」「ひとまず」

🔵 文法をおさえよう

✱（語幹の最後にパッチム）なし | 語幹＋ㄴ 후/다음/뒤(에)

あり | 語幹＋은 후/다음/뒤(에)

※ ㄹパッチム用言：語幹からのパッチムㄹを脱落させ＋ㄴ 후/다음/뒤(에)

例〉놀다「遊ぶ」⇒ 논 뒤에「遊んだあとに」

※名詞＋후(에)「～の後」

---

① 밀가루를 **넣은 다음에** 물을 넣어야지 .

基本形 넣다⇒ 語幹 넣＋ 語尾 은 다음에

② 역에 **도착한 후에** 다시 전화 줄래 ?

基本形 도착하다⇒ 語幹 도착하＋ 語尾 ㄴ 후에

③ **헤어진 뒤에** 그 사람한테서 편지가 왔었어 .

基本形 헤어지다⇒ 語幹 헤어지＋ 語尾 ㄴ 뒤에

④ 편지를 **받은 후에** 어떻게 했어 ? 바로 만났어 ?

基本形 받다⇒ 語幹 받＋ 語尾 은 후에

⑤ **만난 후에** 뭐했어 ? 사귀기로 했어 ? 어머, 너무 궁금하다 .

基本形 만나다⇒ 語幹 만나＋ 語尾 ㄴ 후에

⑥ **프러포즈 한 다음에** 안아 줬어 .

基本形 하다⇒ 語幹 하＋ 語尾 ㄴ 다음에

⑦ 어머 웬일이니 . **결혼한 후에** 어디서 살 건데 ?

基本形 결혼하다⇒ 語幹 결혼하＋ 語尾 ㄴ 후에

⑧ 일단 **먹은 다음에** 이야기하자 .

基本形 먹다⇒ 語幹 먹＋ 語尾 은 다음에

55 過去連体形＋지

～してから、～してから（時間が経過した）
～して（時間が経過した）

🔊 055

1. 韓国語を**勉強して**何年になりますか？ `요体`

2. 韓国語を**勉強して**2年になります。 `요体`

3. **付き合って**どのくらいになりましたか？ `요体`

4. **付き合って**１週間くらいになります。 `요体`

5. 日本に**来てから**10年経ちました。 `요体`

6. その人のことを**知ってから**、だいぶ経ちました。 `요体`

7. **作ってから**いくらも経ってないのに、もう傷んで `요体`
   しまいました。

8. ランチを**食べてから**どれくらいになりますか？ `요体`

＼補足メモ／

4 한：「大体」「約」「このくらい」という意味として、日常会話で頻繁に用いられる。

6 알다「知る」⇒ 알게 되다「わかるようになる」「知るようになる」／ 꽤「かなり」「だいぶ」「ずいぶん」
／오래되다「直訳：長くなる」「だいぶ時間が経つ」 ⇔ 反対 ⇒ 얼마 안 되다「そんなに経ってない」「浅
い」「それほどではない」

146

❷ 文法をおさえよう

✳（動詞語幹の最後にパッチム）なし | 語幹＋ㄴ 지

あり | 語幹＋은 지

※ ㄹパッチム用言：語幹からパッチムㄹを脱落させ＋ㄴ 지
　　　　例）살다 ⇒ 산 지

※ 後続文は必ず「時間の概念と関連する単語」と接続

---

① 한국어를 **공부한 지** 몇 년 됐어요?

[基本形] 공부하다⇒ [語幹] **공부하**＋ [語尾] ㄴ 지

② 한국어를 **공부한 지** 2년 됐어요.

[基本形] 공부하다⇒ [語幹] **공부하**＋ [語尾] ㄴ 지

③ **사귄 지** 얼마나 됐어요?

[基本形] 사귀다⇒ [語幹] **사귀**＋ [語尾] ㄴ 지

④ **사귄 지** 한 일주일 됐어요.

[基本形] 사귀다⇒ [語幹] **사귀**＋ [語尾] ㄴ 지

⑤ 일본에 **온 지** 10년 됐어요.

[基本形] 오다⇒ [語幹] **오**＋ [語尾] ㄴ 지

⑥ 그 사람을 **알게 된 지**(는) 꽤 오래됐어요.

[基本形] 되다⇒ [語幹] **되**＋ [語尾] ㄴ 지

⑦ **만든 지** 얼마 안 됐는데 벌써 상해 버렸어요.

[基本形] 만들다⇒ [語幹] **만들**＋ [語尾] ㄴ 지
　　　　　　　　　　　　　↳脱落

⑧ 점심 **먹은 지** 얼마나 됐어요?

[基本形] 먹다⇒ [語幹] **먹**＋ [語尾] 은지

---

⑦ **상하다**「傷む」
⑧ **점심**「お昼」：**점심밥**「昼飯」、**점심식사**「昼の食事」という意味でも頻繁に使われる。

韓流スター好きの方は必見！　濁音化マスター②

　ここからは韓流スターが大好きな方は必見です。＾＾コラム①を必ず読んでからこのページを読んで下さい。韓流スターのライブやイベントに行ってそのスターの名前を声がかれるくらい呼び続けながら応援している方、たくさんいらっしゃると思います。情熱「白」先生は発音だけ聞いて、すぐに日本人が誰か見分けることができます。

　グンソク～、ジミン～、ジョングク～

　このように最初の文字を濁って呼ぶ人は韓国の人ではありません。でも、最近は韓国語の発音がとてもいい方も多いので、断言してはいけませんね（日本人が応援していることをアピールしたい場合は、濁って発音してね。＾＾）

　ハングルを読むことができる方でも平音ㄱ,ㄷ,ㅂ,ㅈを発音する時は気をつけましょう。前に他の音がある場合は大半濁りますが、韓国語ではいきなり濁る発音はないですから。

　例えば、**장근석**から名字をとって、名前**근석**だけ読む場合は、[グンソク]ではなく[クンソク]とするほうが自然ということです。前に名字を入れて読む場合は、**장근석**[チャングンソク]になります。

　재중という名前を読む場合は、[ジェジュン]ではなく[チェジュン]が自然です。ここで皆さんにクイズです。

　방탄소년단「防弾少年団」の最初の文字は、何と発音したほうが自然でしょうか？

　・**방**⇒［パン］？［バン］？

　日本語で全く同じ発音はありませんが、どちらかを選ぶのなら、正解は**방**［パン］です。最初の文字は濁らないですから。

　スピーキング・トレーニング上級編を勉強なさっていますから、文章の長さではなく、自然な発音とイントネーションにこだわりながら頑張りましょう。

Part **3**

連体形はこれで完成！

◀)) 056

| ① | 昨日は雨が**降ったようです**。 | 요체 |

| ② | 今、雨が**降っているようです**。 | 요체 |

| ③ | 明日も雨が**降りそうです**。 | 요체 |

| ④ | 梅雨の時期には雨がたくさん**降ったのではないかと思います**。 | 요체 |

| ⑤ | 標準語は**学んだようです**。 | 요체 |

| ⑥ | 韓国語はずっと**学んでいるようです**。 | 요체 |

| ⑦ | その帽子をかぶると**可愛いと思います**。 | 요체 |

| ⑧ | 死ぬほど**愛してたようです**。 | 요체 |

＼補足メモ／

④ 장마「梅雨」⇒장마철「梅雨の時期」／ ~았/었 + 을 것 같다の形：ある事実や状況に対する漠然とした推測の意を表す。

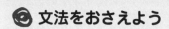

文法をおさえよう

CHECK! 連体形の作り方はp.20を参照

用言の過去・現在・未来連体形＋**것 같다**

〈動詞〉
- 過去：〜したようだ
- 現在：〜しているようだ
- 未来：〜しそうだ

〈形容詞〉
- **바쁜 것 같다**「忙しいようだ」
  ：確かで直接的な根拠を持って推測
- **바쁠 것 같다**「忙しそうだ」
  ：漠然とした、間接的な根拠を持って推測する意を表す。

※名詞＋存在詞の連体形：

過去＋**였/이었던 것 같다**　現在＋**인 것 같다**　未来＋**일 것 같다**

---

① 어제는 비가 **온 것 같아요**.

基本形 오다⇒ 語幹 **오**+ 語尾 **ㄴ** 것 같아요

② 지금 비가 **오는 것 같아요**.

基本形 오다⇒ 語幹 **오**+ 語尾 **는** 것 같아요

③ 내일도 비가 **올 것 같아요**.

基本形 오다⇒ 語幹 **오**+ 語尾 **ㄹ** 것 같아요

④ 장마철에는 비가 많이 **왔을 것 같아요**.

基本形 오다⇒ 語幹 **오**+ 語尾 **았을** 것 같아요

⑤ 표준어는 **배운 것 같아요**.

基本形 배우다⇒ 語幹 **배우**+ 語尾 **ㄴ** 것 같아요

⑥ 한국어는 계속 **배우는 것 같아요**.

基本形 배우다⇒ 語幹 **배우**+ 語尾 **는** 것 같아요

⑦ 그 모자를 쓰면 **예쁠 것 같아요**.

基本形 예쁘다⇒ 語幹 **예쁘**+ 語尾 **ㄹ** 것 같아요

⑧ 죽을 만큼 **사랑했던 것 같아요**.

基本形 사랑하다⇒ 語幹 **사랑하**+ 語尾 **였던** 것 같아요

57 連体形＋것이다

～するだろう、～するつもりだ

◀)) 057

1. さゆりさんは多分家で**泣いている**はずです。 `요체`

2. チーム長であるチョン・ヘインさんはずいぶん **忙しいでしょう。** `요체`

3. この商品は常連さんだけに**売った**ものです。 `니다체`

4. このアイクリームは韓国で**売っている**ものです。 `니다체`

5. これからはホームショッピングだけで**売る つもりです。** `니다체`

6. あまりにも嬉しくて**泣いています。** `니다체`

7. 私は絶対**諦めない**つもりです。 `니다체`

8. 私はあまりにも悔しくて**抗議していた**のです。 `니다체`

───\ 補足メモ /───

2 한참「しばらく」「ずいぶん」

3 단골「常連」⇒단골손님「常連のお客さん」：**参考** 단골집「行きつけのお店」／판 겁니다 [판 껌니다]：
参考 팔 겁니다 [팔 껌니다]

5 이제부터는「これからは」「今からは」：**比較** 지금부터는「今からは」のほうが今の時間をより強調

🟢 文法をおさえよう

CHECK! 連体形の作り方はp.20を参照

過去連体形＋것이다	～したの(もの)である
現在連体形＋것이다	～することだ(ものだ)
未来連体形＋것이다	～するつもりだ、～であろう、～するぞ、～だろうと思う

参考)違いに気をつけよう！

「明日雨が降るでしょう」
- ①内日は雨が **올 것입니다**. (推測)
- ②内日は雨が **오겠습니다**. (ほぼ間違いなく明日雨が降ると確信：天気予報)

※短縮表現：것이다⇒거다

パンマル⇒것이야(短縮表現)거야　　ヨ体⇒것이에요(短縮表現)거예요
ニダ体⇒것입니다(短縮表現)겁니다

---

① 사유리씨는 아마 집에서 **울고 있을 거예요**.

〔基本形〕 있다⇒ 語幹 **있**＋ 語尾 을 거예요

② 팀장인 정해인 씨는 한참 **바쁠 거예요**.

〔基本形〕 바쁘다⇒ 語幹 **바쁘**＋ 語尾 ㄹ 거예요

③ 이 상품은 단골손님한테만 **판 겁니다**.

〔基本形〕 팔다⇒ 語幹 **팔**＋ 語尾 ㄴ 겁니다
　　　　　　　脱落

④ 이 아이크림은 한국에서 **파는 겁니다**.

〔基本形〕 팔다⇒ 語幹 **팔**＋ 語尾 는 겁니다
　　　　　　　脱落

⑤ 이제부터는 홈쇼핑에서만 **팔 겁니다**.

〔基本形〕 팔다⇒ 語幹 **팔**＋ 語尾 ㄹ 겁니다
　　　　　　　脱落

⑥ 너무 기뻐서 **우는 겁니다**.

〔基本形〕 울다⇒ 語幹 **울**＋ 語尾 는 겁니다
　　　　　　　脱落

⑦ 전 절대 **포기하지 않을 것입니다**.

〔基本形〕 않다⇒ 語幹 **않**＋ 語尾 을 것입니다

⑧ 전 너무 억울해서 **항의했었던 겁니다**.

〔基本形〕 항의하다⇒ 語幹 **항의하**＋ 語尾 였었던 겁니다

するニュアンスがある。
⑥ **너무 기뻐서**「すごく嬉しくて」「あまりにも嬉しくて」／**우는 겁니다：울는 겁니다**（×）
⑦ **절대**「絶対」：**参考 절대로**「絶対に」

58 連体形＋줄 알다・모르다

～することができる・できない、
～と思う・思わない

🔊 058

①	隠しておけば私が**わからないとでも思っているのか**？	パンマル
②	私が君**みたいだと思っているのか**？	パンマル
③	**そうだと思った**。	パンマル
④	韓国の歌を**歌えますか**？	요체
⑤	文字は**読めません**。	요체
⑥	私はお酒を全く**飲めません**。	요체
⑦	英語を**話せますか**？	니다体
⑧	韓国語を**話せません**。	니다体

＼補足メモ／

① 숨기다「隠す」⇒숨겨 두다「隠しておく」
③ 그럴 줄 : 그러할 줄の縮約
④ 노래를 부르다「歌を歌う」
⑤ 글씨「字」: 参考 문자「直訳 : 文字」。문자は「携帯のメール」の意味として頻繁に使われる。

154

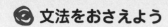

文法をおさえよう

CHECK! 連体形の作り方はp.20を参照

過去連体形＋줄 알다・모르다	～しただろうと思っている？（違うよ）
現在連体形＋줄 알다・모르다	～だと思っている？（～でないよ）
未来連体形＋줄 알다・모르다	～するだろうと思っている？（しないよ）

① 숨겨 두면 **모를 줄 아니**?

基本形 모르다⇒ 語幹 **모르**+ 語尾 ㄹ 줄 아니?

② 내가 너 **같은 줄 아니**?

基本形 같다⇒ 語幹 **같**+ 語尾 은 줄 아니?

③ **그럴 줄 알았어**.

基本形 그렇다⇒ 語幹 **그렇**+ 脱落 語尾 ㄹ 줄 알았어

④ 한국 노래를 **부를 줄 알아요**?

基本形 부르다⇒ 語幹 **부르**+ 語尾 ㄹ 줄 알아요?

⑤ 글씨는 **읽을 줄 몰라요**.

基本形 읽다⇒ 語幹 **읽**+ 語尾 을 줄 몰라요

⑥ 전 술을 전혀 **마실 줄 몰라요**.

基本形 마시다⇒ 語幹 **마시**+ 語尾 ㄹ 줄 몰라요

⑦ 영어를 **할 줄 압니까**?

基本形 하다⇒ 語幹 **하**+ 語尾 ㄹ 줄 압니까?

⑧ 한국어를 **할 줄 모릅니다**.

基本形 하다⇒ 語幹 **하**+ 語尾 ㄹ 줄 모릅니다

⑥ 전 「私は」: 저는の縮約

59 連体形＋만큼

〜するほど、〜するくらい

🔊 059

---

① **死ぬほど**愛している。 パンマル

---

② 私は**できるだけ**のことを十分にやった。 パンマル

---

③ **受けるべき**教育は受けた人たちが（直訳：**学ぶだけ**学んだ パンマル
人たちが）何ということをやっているの？

---

④ **我慢できるだけ**我慢した。 パンマル

---

⑤ 私が**やられた分だけ**返してあげる。 パンマル

---

⑥ **食べた分だけ**仕事をして下さい。 요체

---

⑦ **もらった分だけ**社会に返して下さい。 요체

---

⑧ 目が**まぶしいくらい**（に）美しいです。 요체

＼補足メモ／

⑤ 갚다「（借りていたお金などを）返す」
⑦ 돌리다「回す」「回転させる」⇒ 돌려주다「返す」
⑧ 눈(이) 부시다「目がまぶしい」

(156)

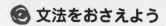

文法をおさえよう

CHECK! 連体形の作り方はp.20を参照

過去連体形＋만큼	～した分だけ（～する）
現在連体形＋만큼	～する分量ほど（～する）
未来連体形＋만큼	～しそうな分だけ（～する）

※名詞・代名詞に付いて用いられる場合もある。

例）하늘만큼 땅만큼　空くらい地くらい

1　**죽을 만큼** 사랑해.

基本形 죽다⇒ 語幹 **죽**+ 語尾 **을 만큼**

2　나는 **할 만큼** 충분히 했다.

基本形 하다⇒ 語幹 **하**+ 語尾 **ㄹ 만큼**

3　**배울 만큼** 배운 사람들이 뭐하는 짓이야?

基本形 배우다⇒ 語幹 **배우**+ 語尾 **ㄹ 만큼**

4　**참을 만큼** 참았어.

基本形 참다⇒ 語幹 **참**+ 語尾 **을 만큼**

5　내가 **당한 만큼** 갚아 줄 거야.

基本形 당하다⇒ 語幹 **당하**+ 語尾 **ㄴ 만큼**

6　**먹은 만큼** 일을 하세요.

基本形 먹다⇒ 語幹 **먹**+ 語尾 **은 만큼**

7　**받은 만큼** 사회에 돌려주세요.

基本形 받다⇒ 語幹 **받**+ 語尾 **은 만큼**

8　눈이 **부실 만큼** 아름다워요.

基本形 부시다⇒ 語幹 **부시**+ 語尾 **ㄹ 만큼**

60 連体形＋적(이) 있다・없다

～したことがある・ない

◀)) 060

①	あなた、私以外に他の女と**付き合ったこと****あるよね**？	パンマル
②	夢でも他の人のことを**考えたことは一度もない**？	パンマル
③	一度に３人と**付き合ったことはあるよ**。	パンマル
④	その名前をどこかで**聞いたことがある**ような気がする。	パンマル
⑤	私たちどこかで**会ったことありますよね**？	요体
⑥	**会ったことないんですけど**。	요体
⑦	テコンドーを**学んだことがありますか**？	요体
⑧	韓国語を知らなくて**ミスしたことがあります**。	요体

＼補足メモ／

① 나「私」／말고「ではなく」：참고 이외에「以外に」／만나다「会う」：「付き合う」という意味で使うこともできる。
② 꿈에서라도：「たとえ夢だとしても」というニュアンス。
③ 한 번「１回」：直訳した일 회「１回」という表現を使うのは不自然。

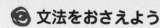

文法をおさえよう

CHECK! 連体形の作り方はp.20を参照

※この表現は現在・未来連体形にはつかない。

過去連体形＋적(이) 있다・없다	～したこと(が)ある・ない
過去連体形＋적(은) 있다・없다	～したこと(は)ある・ない

① 당신, 나 말고 다른 여자 **만난 적 있지**?

基本形 만나다⇒ 語幹 **만나**+ 語尾 ㄴ 적 있지?

② 꿈에서라도 다른 사람 **생각한 적은 한 번도 없어**?

基本形 생각하다⇒ 語幹 **생각하**+ 語尾 ㄴ 적은 없어?

③ 한 번에 세 명과 **사귄 적은 있어**.

基本形 사귀다⇒ 語幹 **사귀**+ 語尾 ㄴ 적은 있어

④ 그 이름을 어디서 **들은 적이 있는** 것 같아.

基本形 듣다⇒ 語幹 **듣**+ 語尾 ㄹ 은 적이 있는
脱落

⑤ 우리 어디서 **본 적 있죠**?

基本形 보다⇒ 語幹 **보**+ 語尾 ㄴ 적 있죠?

⑥ **본 적 없는데요**.

基本形 보다⇒ 語幹 **보**+ 語尾 ㄴ 적 없는데요

⑦ 태권도를 **배운 적이 있어요**?

基本形 배우다⇒ 語幹 **배우**+ 語尾 ㄴ 적이 있어요

⑧ 한국말을 몰라서 **실수한 적이 있어요**.

基本形 실수하다⇒ 語幹 **실수하**+ 語尾 ㄴ 적이 있어요

⑦ 태권도[태꿘도]

61 ~아/어 본 적(이) 있다·없다

~してみたことがある・ない

🔊 061

---

① 韓国に**行ってみたことがあります**か？ `요体`

---

② 自撮り棒で**自撮りをしてみたことが**一度も `요体`
ありません。

---

③ 仕事のために日本を**訪問してみたことは** `요体`
ありませんか？

---

④ 女(の人)のせいで、心を**痛めたこと、ありますか？** `요体`

---

⑤ 男(の人)のせいで、道で**泣いたことがありました。** `요体`

---

⑥ 家で皿洗いや洗濯を**やってみたことは** `요体`
ありますか？

---

⑦ このごろ子供たちの心配でまともに**寝たことが** `요体`
ないです。

---

⑧ 焼酎を約2瓶ほど**飲んでみたことがあります。** `요体`

＼補足メモ／

② 셀카「自分の写真を自分で撮ること」：셀프카메라 (self camera) の縮約
③ ~때문에「~のために」「~のせいで」
④ 맘：마음「心」「気持ち」の縮約／아프다「痛い」「痛む」
⑥ 빨래「洗濯」「洗濯物」： 参考 세탁「直訳：洗濯」

🄬 文法をおさえよう

＊（語幹の最後に ㅗ か ㅏ）あり ┃ **+아 본 적(이) 있다·없다**

　　　　なし ┃ **+어 본 적(이) 있다·없다**

例外） **하다 ⇒ 해 본 적(이) 있다·없다**

※ **~ 아/어 본 적은 있다·없다** : ～してみたことはある・ない

※連体形 + 적(이) 있다·없다より、본が入ることで、試すニュアンスが入るが、「～したことがある・ない」と訳される場合も少なくない。

---

① **한국에 가 본 적이 있어요?**

　　基本形 가다⇒ 語幹 **가**+ 語尾 아 본 적이 있어요?

② **셀카봉으로 셀카를 찍어 본 적이 한 번도 없어요.**

　　基本形 찍다⇒ 語幹 **찍**+ 語尾 어 본 적이 없어요

③ **일 때문에 일본을 방문해 본 적은 없어요?**

　　基本形 방문하다⇒ 語幹 **방문하**+ 語尾 여 본 적은 없어요?

④ **여자 때문에 맘 아파 본 적 있어요?**

　　基本形 아프다⇒ 語幹 **아프**+ 語尾 아 본 적 있어요?
　　　　　　　　　　　　　↳脱落

⑤ **남자 때문에 길에서 울어 본 적이 있었어요.**

　　基本形 울다⇒ 語幹 **울**+ 語尾 어 본 적이 있었어요

⑥ **집에서 설거지나 빨래를 해 본 적은 있어요?**

　　基本形 하다⇒ 語幹 **하**+ 語尾 여 본 적은 있어요

⑦ **요즘 아이들 걱정 때문에 제대로 잠을 자 본 적이 없어요.**

　　基本形 자다⇒ 語幹 **자**+ 語尾 아 본 적이 없어요

⑧ **소주를 한 2 병정도 마셔 본 적이 있어요.**

　　基本形 마시다⇒ 語幹 **마시**+ 語尾 어 본 적이 있어요

---

⑧ **한** :「一つ」を意味するのではなく、「大体そのくらい」と言う時に会話でよく用いられる。

62

連体形＋**모양이다**

〜ようだ、〜みたいだ

🔊 082

---

① 去年に子供が**生まれたようです**。 <kbd>요体</kbd>

---

② 家族がみんな**風邪をひいたようです**。 <kbd>요体</kbd>

---

③ 息子にビンタをしたんですって？ <kbd>요体</kbd>
　－**そのようです**。

---

④ 誰かを**お待ちになっているようです**。 <kbd>요体</kbd>

---

⑤ 仕事が上手く**解決できたようです**。 <kbd>니다体</kbd>

---

⑥ 二人がふたたび**付き合って**(直訳：会って)**いるようです**。 <kbd>니다体</kbd>

---

⑦ お父さんの**調子が**だいぶ**お悪いようです**。 <kbd>니다体</kbd>

---

⑧ 韓国の産後調理院で子供を**産んだようです**。 <kbd>니다体</kbd>

\補足メモ/

③ **뺨을 때리다**「ビンタをする」：**뺨**「ほっぺ」＋**때리다**「叩く」「打つ」
④ **누군가를**：**누구인가를**の縮約。文脈上**누구를**「直訳：誰を」を使うことも可能。
⑤ **둘이 만나다**「直訳：二人が会う」：**교제하다**「交際する」という意味としてもよく使われる。
⑦ **편찮다**「具合がよくない」「調子が悪い」「安らかでない」：**편하지 않다**の縮約、主に年上・目上の

162

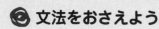

文法をおさえよう

CHECK! 連体形の作り方はp.20を参照

※「見たところそういう様子だ」という意味

過去連体形 + 모양이다	～したようだ、みたいだ、～したらしい
現在連体形 + 모양이다	～するようだ、みたいだ、～らしい
未来連体形 + 모양이다	～しそうだ

※ ~ **모양이다**「直訳:模様だ」は、主語が他人や第三者に限られる。
中級編67課と比較、上級編56課もチェック!

---

① 작년에 아이가 **태어난 모양이에요**.

基本形 태어나다⇒ 語幹 **태어나**+ 語尾 ㄴ 모양이에요

② 가족이 다 **감기에 걸린 모양이에요**.

基本形 걸리다⇒ 語幹 **걸리**+ 語尾 ㄴ 모양이에요

③ 아들 뺨을 때렸다면서요? —**그런 모양이에요**.

基本形 그렇다⇒ 語幹 **그렇**+ 語尾 ㄴ 모양이에요
脱落

④ 누군가를 **기다리시는 모양이에요**.

基本形 기다리시다⇒ 語幹 **기다리시**+ 語尾 는 모양이에요

⑤ 일이 잘 **해결된 모양입니다**.

基本形 해결되다⇒ 語幹 **해결되**+ 語尾 ㄴ 모양입니다

⑥ 둘이 다시 **만나는 모양입니다**.

基本形 만나다⇒ 語幹 **만나**+ 語尾 는 모양입니다

⑦ 아버지가 많이 **편찮으신 모양입니다**.

基本形 편찮으시다⇒ 語幹 **편찮으시**+ 語尾 ㄴ 모양입니다

⑧ 한국의 산후조리원에서 아이를 **낳은 모양입니다**.

基本形 낳다⇒ 語幹 **낳**+ 語尾 은 모양입니다

人に使われる。

⑧ **산후조리원**「産後調理院」: 産後の体の管理ができる専門的なシステムの療養院/**아이를 낳다**「子供を産む」

Part 3 連体形はこれで完成!…(163)

63 連体形＋척하다

～するふりをする

🔊 063

---

① そのおばさんはあまりにも**偉そうにする**。

---

② その子はいつも何でも**知っているふりをして**
嫌だ。

---

③ 親しくもないのに**親しいふりをしている**友達が
いる。

---

④ **気乗りしないふりしたけど**、実はコンサートに `バンマル`
行きたかったの。

---

⑤ **風邪をひいたふりをして下さい。** `요体`

---

⑥ 横になって**具合が悪いふりをして下さい。** `요体`

---

⑦ ソンミンさん！最後まで**知らないふりをして** `요体`
下さい。

---

⑧ 私の娘は可愛くないけど、**可愛いふりをします。** `요体`

＼ 補足メモ ／

① 잘나다[잘라다]「優れている」⇒잘난 척하다[잘란처카다]「うぬぼれる」「偉そうにする」
〈 **反対** 〉 못나다[몬나다]「（顔などが）醜い」「愚かだ」「足りない」
② 그 애：그 아이「その子」の縮約形。그 애をさらに縮約すると걔になり、会話でよく使われる。／
뭐든지「何でも」：무엇이든지の縮約／알다「知る」「わかる」：아는 척と言わないように注意！

164

❷ 文法をおさえよう

CHECK! 連体形の作り方はp.20を参照

※この表現は未来連体形にはつかない。

過去連体形＋척하다	～したふりをする
現在連体形＋척하다	～するふりをする

① 그 아줌마는 너무 **잘난 척해** .

基本形 잘나다⇒ 語幹 **잘나**＋ 語尾 ㄴ 척해

② 그 애는 맨날 뭐든지 **아는 척해서** 싫어 .

基本形 알다⇒ 語幹 **알**＋ 語尾 는 척해서
　　　ㄹ脱落

③ 친하지도 않은데 **친한 척하는** 친구가 있어 .

基本形 친하다⇒ 語幹 **친하**＋ 語尾 ㄴ 척하는

④ **내키지 않는 척했지만** 사실은 콘서트에 가고 싶었어 .

基本形 않다⇒ 語幹 **않**＋ 語尾 는 척했지만

⑤ **감기에 걸린 척하세요** .

基本形 걸리다⇒ 語幹 **걸리**＋ 語尾 ㄴ 척하세요

⑥ 누워서 **아픈 척하세요** .

基本形 아프다⇒ 語幹 **아프**＋ 語尾 ㄴ 척하세요

⑦ 성민씨 ! 끝까지 **모르는 척하세요** .

基本形 모르다⇒ 語幹 **모르**＋ 語尾 는 척하세요

⑧ 우리 딸은 예쁘지 않은데 **예쁜 척을 해요** .

基本形 예쁘다⇒ 語幹 **예쁘**＋ 語尾 ㄴ 척을 해요

---

④ **내키다**「気が向く」「気乗りする」
⑥ **㊣눕다**「横になる」
⑦ **모르다**「知らない」「わからない」：ヨ体⇒**몰라요**　ニダ体⇒**모릅니다**

64 連体形＋편이다

(いつも)〜するほうだ、(よく)〜したほうだ

🔊 064

① 韓国は物価が**高いほう**でしょうか？ 　요체

② 日本より交通費は少し**安いほう**です。 　요체

③ その人は背が**高いほう**ですか？ 　요체

④ とても**小さいほう**です。 　요체

⑤ 韓国は定期預金の利子がまだ**高いほう**です。 　요체

⑥ 10年前よりは**低いほう**です。 　요체

⑦ ソンオさんは肌もきれいで、顔も**ハンサムな　　　　요체
ほう**です。

⑧ TWICE(トゥワイス)メンバーは大阪弁が**上手な　　　　요체
ほう**です。

＼補足メモ／

② ~보다「〜より」：比較する時によく用いられる。
③ 키가 크다「背が高い」「直訳：背が大きい」：키가 높다（×）
⑦ 피부「直訳：皮膚」「肌」
⑧ 오사카 사투리를 잘하다「大阪弁が上手だ」：오사카 사투리가 잘하다 と言わないように注意！

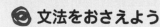

文法をおさえよう

CHECK! 連体形の作り方はp.20を参照

※この表現は未来連体形にはつかない

過去連体形＋편이다	（よく）〜したほうだ
現在連体形＋편이다	（いつも）〜するほうだ

※大体どちらに近いかを表す際の表現

※明白な状況や事実には使用しない

---

① 한국은 물가가 **비싼 편인가요**?

基本形 비싸다⇒ 語幹 **비싸**+ 語尾 ㄴ 편인가요?

② 일본보다 교통비는 조금 **싼 편이에요**.

基本形 싸다⇒ 語幹 **싸**+ 語尾 ㄴ 편이에요

③ 그 사람은 키가 **큰 편이에요**?

基本形 크다⇒ 語幹 **크**+ 語尾 ㄴ 편이에요?

④ 아주 **작은 편이에요**.

基本形 작다⇒ 語幹 **작**+ 語尾 은 편이에요

⑤ 한국은 정기예금 이자가 아직 **높은 편이에요**.

基本形 높다⇒ 語幹 **높**+ 語尾 은 편이에요

⑥ 10년 전 보다는 **낮은 편이에요**.

基本形 낮다⇒ 語幹 **낮**+ 語尾 은 편이에요

⑦ 성오씨는 피부도 좋고, 얼굴두 **잘생긴 편이에요**.

基本形 생기다⇒ 語幹 **생기**+ 語尾 ㄴ 편이에요

⑧ 트와이스 멤버는 오사카 사투리를 **잘하는 편이에요**.

基本形 잘하다⇒ 語幹 **잘하**+ 語尾 는 편이에요

参考 말을 잘하다「口がうまい」「話がうまい」、노래를 잘하다「歌が上手い」

連体形＋데다(가)

～するうえにさらに、～したうえにさらに、
～だけでなく(それに)

🔊 065

1 **ハンサムなうえに**性格もよい男がいるの？ `パンマル`

2 うん、**お金持ちなうえ**私だけを愛してくれるの。 `パンマル`

3 その食堂は量も**多いうえに**味も最高だよ。 `パンマル`

4 私の息子は勉強も**よくできるうえに**、親孝行だよ。 `パンマル`

5 その人は家も**ないうえに**職もなかった。 `パンマル`

6 ゆうきさんは性格も**よいうえに**料理も上手です。 `요体`

7 ペク・ヒウンさんは**可愛いうえに**、人気も
あるんですか？ あぁ、むかつく。 `요体`

8 今日は私の**誕生日であるうえに**結婚記念日でも
あります。 `니다体`

補足メモ

③ **양**「量」⇔ **反対** ⇒ **질**「質」／ **끝내 주다**「直訳：終えてあげる・くれる」：**끝내다**「終える」＋**주다**「とてもよい」という意味の俗語で、一般的に否定的な意味はなく「最高にいい」「最高によくてたまらない」という意味で日常会話でも頻繁に使用される。

④ **효자**「直訳：孝子」「親孝行な子」⇔ **反対** ⇒ **효녀**「直訳：孝女」「親孝行な娘」

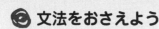

② 文法をおさえよう

CHECK! 連体形の作り方はp.20を参照

※この表現は未来連体形にはつかない。

過去連体形＋데다(가)	～したうえにさらに
現在連体形＋데다(가)	～するうえにさらに

※すでに起きた事実や状態に、他の事実や状態が加わることを表す。

---

① **잘생긴 데다가** 성격도 좋은 남자가 있어?

基本形 잘생기다⇒ 語幹 **잘생기**+ 語尾 ㄴ 데다가

② 어, **돈도 많은 데다가** 나만 사랑해 줘.

基本形 많다⇒ 語幹 **많**+ 語尾 은 데다가

③ 그 식당은 양도 **많은 데다가** 맛도 끝내줘.

基本形 많다⇒ 語幹 **많**+ 語尾 은 데다가

④ 우리 아들은 공부도 **잘하는 데다가** 효자야.

基本形 하다⇒ 語幹 **하**+ 語尾 는 데다가

⑤ 그 사람은 집도 **없는 데다가** 직업도 없었어.

基本形 없다⇒ 語幹 **없**+ 語尾 는 데다가

⑥ 유우키 씨는 성격도 **좋은 데다가** 요리도 잘해요.

基本形 좋다⇒ 語幹 **좋**+ 語尾 은 데다가

⑦ 백희은 씨는 **예쁜 데다가** 인기도 있어요? 아, 짜증나.

基本形 예쁘다⇒ 語幹 **예쁘**+ 語尾 ㄴ 데다가

⑧ 오늘은 제 **생일인 데다가** 결혼 기념일이기도 합니다.

名詞 **생일**+ 語尾 인 데다가

---

⑦ **짜증나다**「イライラする」

66 連体形＋순간

～した瞬間、～と同時に

🔊 066

| ① | ラーメンを**食べた瞬間**、その人のことを思い出した。 | バンマル |

| ② | 君を**愛した瞬間**、私はすべてを得たのだ。 | バンマル |

| ③ | 家を**出た瞬間**、頭がふらついた。 | バンマル |

| ④ | **風が吹いた瞬間**、カツラが取れてしまいました。 | 요体 |

| ⑤ | 彼女をはじめて**見た瞬間**、一目惚れして
しまいました。 | 요体 |

| ⑥ | イ・ヒョクさんの歌が**終わった瞬間**、みんな拍手を
しました。 | 요体 |

| ⑦ | 私と**目が合った瞬間**、チョビンさんが明るく
笑いました。 | 요体 |

| ⑧ | 人生は**一瞬**(直訳：瞬間)**です**。 | 니다体 |

—— \補足メモ/

③ **집을 나서다**「家を出る」／**어지럽다**「目まいがする」「散らかっている」「乱れている」：**어지러웠다**「目
まいがした」を**어지럽었다**と言わないように注意！

⑤ **첫눈에 반하다**「一目惚れする」：**参考** **첫사랑**「初恋」。**첫눈**は「初雪」という意味でも日常会話でも
よく用いられる。

● 文法をおさえよう

CHECK! 連体形の作り方はp.20を参照

※日本語 ⇒ 必ず過去形とともに使われ「〜した瞬間」と言う。
※韓国語 ⇒ 現在連体形とともに使われることが多い。

過去連体形＋순간	〜した瞬間
現在連体形＋순간	

---

① 라면을 **먹는 순간** 그 사람 생각이 났다.

基本形 먹다⇒ 語幹 **먹**+ 語尾 는 순간

② 널 **사랑한 순간** 난 모든 것을 가진 거야.

基本形 사랑하다→ 語幹 **사랑하**+ 語尾 ㄴ 순간

③ 집을 **나서는 순간** 머리가 어지러웠다.

基本形 나서다⇒ 語幹 **나서**+ 語尾 는 순간

④ **바람이 부는 순간** 가발이 벗겨졌어요.

基本形 불다⇒ 語幹 **불**+ 語尾 는 순간
↳脱落

⑤ 그녀를 처음 **본 순간** 첫눈에 반해 버렸어요.

基本形 보다⇒ 語幹 **보**+ 語尾 ㄴ 순간

⑥ 이혁 씨의 노래가 **끝나는 순간** 모두 다 박수를 쳤어요.

基本形 끝나다⇒ 語幹 **끝나**+ 語尾 는 순간

⑦ 나와 눈이 **마주친 순간** 조빈 씨가 환하게 웃었어요.

基本形 보다⇒ 語幹 **보**+ 語尾 ㄴ 순간

⑧ 인생은 **순간입니다**.

名詞 순간+ 語尾 입니다

---

⑥ **박수를 치다**「拍手をする」
⑦ **눈이 마주치다**「目が合う」／**환하게 웃다**「直訳：明るく笑う」「にっこりと笑う」

お尻はダメ？　一人もダメ？

　情熱「白」先生が日本に来て一番びっくりしたことは何でしょうか？　楽しく日本語の勉強をしたいと思って、日本のバラエティー番組を見ていたら、芸人さんが温泉ツアーに行くシーンがありました。その時、何と！放送事故があったのです。湯船に入る芸人さんのお尻がモザイクなしで丸ごと出ていました。これは放送事故や〜と、放送局がひどいミスをしたのだと、謝りの文が出てくるのを待っていたのに、何も出てきませんでした。

　その後も私の意志とは関係なく、勝手に（笑）何度も男性のお尻を見てしまいました。「それ、普通ではないでしょうか？　韓国では違うのかな？」と言いたいでしょう？　韓国の TV では大変な放送事故になります。もし、子供が家にいる時に流されてしまった場合はもっと大変です。韓国は子供の教育に結構厳しいので、ドラマでも普通の番組でも、年齢制限がかけられます。下ネタも基本禁止だと思って下さい。冗談で言ったとしても韓国では大変なことになりますから、気を付けましょう。

　次にびっくりしたのが、牛丼のお店に行ったら、カウンター席があり、一人で寂しく？食べている日本人を何人も見かけたことです。一人だったら一緒に座って食べてあげたかったのに、一人のお客さんが数人いたので諦めました（汗）。韓国人は何でも一緒にやることが好きかもしれません。特にご飯は絶対に一人で食べたくありません。一人で食べたら、「かわいそう」「友達もいないのか」と周りの人が心配すると思います。

　大学生の時に、私はゆっくり食べていたのですが、男の友達二人は5分で全部食べちゃって、私が食べている姿をじっと見つめられました。「先に行っていいよ〜」と言っても「一人だけおいて行くことはできないから、気にせずにゆっくり食べてね〜」と言われました。じっと見られているのに、ゆっくり食べられるわけがないやん！気持ちはありがたいが、消化不良になりそうでした。(^^;

　最近は、やっと**혼밥**（혼자「一人」＋**밥**「ご飯」）、**혼술**（혼자「一人」＋**술**「お酒」）という文化も広まりつつあります。やはり一人のゆったりした時間も大事ですからね〜。しかし、焼肉店などは基本2人前からなので、十分に楽しみたい方は2人〜4人で行くことをお勧めします。どうしても一人で行く場合は、勇気を出して2人前を注文して全部食べましょう〜。

Part 4

紛らわしい部分を解消！

67 ~고 있다と~아/어 있다

~ている

🔊 067

① どんな帽子を**かぶっていますか**？ 요체

② タクシーに**乗っています**。 요체

③ 可愛い傘を**さしていますか**？ 요체

④ 息子がそちらのほうに**向かっています**（直訳：行って 요체
います）。

⑤ 奥様はダイヤモンドの指輪を**はめています**。 요체

⑥ 合格者名簿に私の名前が**書いてあった**。 반말

⑦ 成田教授は椅子に**お座りになっています**。 요체

⑧ プサン（釜山）に**行っています**。 요체

── 補足メモ ──

① 모자를 쓰다「帽子をかぶる」
② 택시를 타다「タクシーに乗る」：택시에 타다（×）
③ 우산을 쓰다「傘をさす」
④ 가고 있어요「行っています」：「向かっています」という意味としてもよく用いられる。

174

💿 文法をおさえよう

| 動詞の語幹＋**고 있다** | ⇒進行あるいは状態を表す |

| 動詞の語幹＋**아/어 있다** | ⇒状態・完了した状態の継続を表す |

---

① 어떤 모자를 **쓰고 있어요**?

　　　　　[基本形] 쓰다⇒ [語幹] **쓰**+ [語尾] **고 있어요**?

② 택시를 **타고 있어요**.

　　　　　[基本形] 타다⇒ [語幹] **타**+ [語尾] **고 있어요**

③ 예쁜 우산을 **쓰고 있어요**?

　　　　　[基本形] 쓰다⇒ [語幹] **쓰**+ [語尾] **고 있어요**?

④ 아들이 그 쪽으로 **가고 있어요**.

　　　　　[基本形] 가다⇒ [語幹] **가**+ [語尾] **고 있어요**

⑤ 사모님은 다이아몬드 반지를 **끼고 있어요**.

　　　　　[基本形] 끼다⇒ [語幹] **끼**+ [語尾] **고 있어요**

⑥ 합격자 명단에 내 이름이 **쓰여 있었다**.

　　　　　[基本形] 쓰이다⇒ [語幹] **쓰이**+ [語尾] **어 있었다**

⑦ 나리타 교수님은 의자에 **앉아 계세요**.

　　　　　[基本形] 앉다⇒ [語幹] **앉**+ [語尾] **아 계세요**

⑧ 부산에 **가 있어요**.

　　　　　[基本形] 가다⇒ [語幹] **가**+ [語尾] **아 있어요**

---

⑤ **반지를 끼다**「指輪をはめる」
⑥ **명단**「名簿」：**参考 리스트**「リスト」／**쓰여 있었다**「書かれてあった」：**써 있었다**「書いてあった」
　も可。

68 ~ 말고と~ 아니고/아니라

~ではなく

🔊 068

| ① | 緑茶**ではなく**水1杯下さい。 | 요체 |

| ② | ムグンファ号**ではなく**、セマウル号に乗って下さい。 | 요체 |

| ③ | この書類は鉛筆**ではなく**ボールペンで書いて下さい。 | ㅂ니다체 |

| ④ | 私の話はそんな意味**ではなく**。 | バンマル |

| ⑤ | 夫は韓国人**ではなく**日本人です。 | 요체 |

| ⑥ | それは紅茶**ではなく**伝統漢方茶です。 | 요체 |

| ⑦ | サッカーは守備**ではなく**攻撃だと思います。 | 요체 |

| ⑧ | 1番出口**ではなく**11番出口です。 | ㅂ니다체 |

＼補足メモ／

② 무궁화호「ムグンファ（ムクゲ）号」／새마을호「セマウル（新しい街）号」：ともに韓国の特急列車の名前。

⑤ 한국 사람「韓国の人」：**参考** 한국인「直訳：韓国人」

⑥ 그건 홍차가 아니라 (아니고) 전통한방차예요. ：対象となるものが、「紅茶ではなくて、伝統漢方茶です」と、訂正をする時の表現。**比較** 홍차 말고 전통한방차를 마십시다. 「紅茶ではなく伝統漢

176

◎ 文法をおさえよう

A 말고 B	二つのものの内、AではなくBを選ぶ時に使う。 文末に勧誘や命令表現が来ることが多い。
A이/가 아니고 B A이/가 아니라 B	一つのものについて、それがAではなくBであるという時に使う。 아니고と아니라は同じ意味として考えても問題ない。

(参考) 아니고 だけしか使えない表現 「~でもなく、~でもない」
・「~でもなく、~でもない」と言う場合は、아니고しか使えない。
例) 이건 밥도 아니고 빵도 아니다.「これはご飯でもなく、パンでもない」

---

① 녹차 **말고** 물 한 잔 주세요.

② 무궁화호 **말고** 새마을호 타세요.

③ 이 서류는 연필 **말고** 볼펜으로 쓰십시오.

④ 내 말은 그런 뜻이 **아니라 (아니고)**.

⑤ 남편은 한국 사람이 **아니라 (아니고)** 일본 사람이에요.

⑥ 그건 홍차가 **아니라 (아니고)** 전통 한방차예요.

⑦ 축구는 수비가 **아니고 (아니라)** 공격이라고 생각해요.

⑧ 1번 출구가 **아니고 (아니라)** 11번 출구입니다.

方茶を飲みましょう」: ある選択肢の中から選ぶ時の表現。
⑧ **출구**「出口」⇔ **反対** ⇒ **입구**「入口」

69

～아서/어서と～니까

～だから、～なので

🔊 069

1 雨が**降っているから**家の中で遊びなさい。 〔パンマル〕

2 雪が**降っているから**家の中で遊ぼう。 〔パンマル〕

3 今**外だから**、後でまた電話するね。 〔パンマル〕

4 **お会いできて**嬉しいです。 〔ニダ体〕

5 **遅れて**すみません。 〔ニダ体〕

6 書類は**翻訳して**郵便で送りました。 〔ニダ体〕

7 **休暇だから**家でのんびりと休みました。 〔ニダ体〕

8 **お正月だから**、お正月の料理を作っています。 〔ニダ体〕

＼補足メモ／

1 오니까：비가 와서 집 안에서 놀아라.(×) 비가 오기 때문에 집 안에서 놀아라.(×)／안「中」
 〈反対〉밖「外」

2 오니까：눈이 와서 집 안에서 놀자.(×) 눈이 오기 때문에 집 안에서 놀자.(×)

7 휴가여서「休暇だから」：휴가「休暇」+ 여서 参考 휴일이어서「休日だから」：휴일「休日」+

178

📖 文法をおさえよう

語幹+**(으)니까**	~から、~(し)たら	主観的な判断、感情的なニュアンス。後に命令文や勧誘文が続く時は、~ **니까**のみを用いる
名詞+**(이)니까**	(名詞)だから	
~ 아서/어서	~だから	原因や理由を表す時。~ **니까**に置き換え可能
~ 기 때문에	~なので	客観的に理由を説明するニュアンスをもつ

後ろに命令・勧誘の表現は使えない！ ─┘

※ **아서/어서**⇒「前の文」の時制が「後の文」の時制より前であっても、過去形を使用しないので注意。 ⑥서류는 번역했어서(×) ⑦휴가였어서(×)

⑴ 비가 **오니까** 집 안에서 놀아라 .

基本形 오다⇒ 語幹 **오**+ 語尾 **니까**

⑵ 눈이 **오니까** 집 안에서 놀자 .

基本形 오다➡ 語幹 **오**+ 語尾 **니까**

⑶ 지금 **밖이니까** 이따가 다시 전화할게 .

基本形 이다⇒ 語幹 **이**+ 語尾 **니까**

⑷ **만나서** 반갑습니다 .

基本形 만나다⇒ 語幹 **만나**+ 語尾 **아서**

⑸ **늦어서** 미안합니다 .

基本形 늦다⇒ 語幹 **늦**+ 語尾 **어서**

⑹ 서류는 **번역해서** 우편으로 보냈습니다 .

基本形 번역하다⇒ 語幹 **번역하**+ 語尾 **여서**

⑺ **휴가여서** 집에서 편히 쉬었습니다 .

基本形 이다⇒ 語幹 **이**+ 語尾 **어서**

⑻ **설날이어서** 설음식을 만들고 있습니다 .

基本形 이다⇒ 語幹 **이**+ 語尾 **어서**

이어서／편히 「楽に」「気楽に」「ゆっくり」「安らかに」
⑧ 설날 [설랄]

70

~지 말고と~지 않고

~しないで

🔊 070

1	宝くじばかり**買わないで**、まず就職することでも 考えなさい。	パンマル

2	**猫をかぶらずに**、率直な姿を見せてほしいな。	パンマル

3	私のことは**気にせずに**、ゆっくり召し上がって 下さい。	요体

4	お菓子だけ**召し上がらずに**、パンやご飯も 召し上がって下さい。	요体

5	他の男のことを**考えないで**、私のことだけを 考えて下さい。	요体

6	ご飯は**食べずに**、毎日お菓子ばかり食べました。	요体

7	**努力はせずに**、いい結果を望んでいるのですか？	요体

8	今日は誰にも**会わないで**、家にいました。	니다体

補足メモ

1 복권 [복꿘] 「宝くじ」／궁리하다 「深く考える」「案ずる」
2 내숭떨다 「猫をかぶる」
4 빵 「パン」：[팡] と発音しないように注意！

🔵 文法をおさえよう

～ 지 말고	命令や勧誘などの働きかけの意味を含む
～ 지 않고	単なる事実を述べる

① 복권만 **사지 말고** 먼저 취직할 궁리나 해.

基本形 사다⇒ 語幹 **사**+ 語尾 **지 말고**

② **내숭떨지 말고** 솔직한 모습을 보여줬으면 좋겠어.

基本形 내숭떨다⇒ 語幹 **내숭떨**+ 語尾 **지 말고**

③ 저(는) **신경 쓰지 말고** 천천히 드세요.

基本形 쓰다⇒ 語幹 **쓰**+ 語尾 **지 말고**

④ 과자만 **드시지 말고** 빵이나 밥도 드세요.

基本形 드시다⇒ 語幹 **드시**+ 語尾 **지 말고**

⑤ 다른 남자 **생각하지 말고** 제 생각만 하세요.

基本形 생각하다⇒ 語幹 **생각하**+ 語尾 **지 말고**

⑥ 밥은 **먹지 않고** 매일 과자만 먹었어요.

基本形 먹다⇒ 語幹 **먹**+ 語尾 **지 않고**

⑦ **노력은 하지 않고** 좋은 결과를 바라는 거예요?

基本形 하다⇒ 語幹 **하**+ 語尾 **지 않고**

⑧ 오늘은 아무도 **만나지 않고** 집에 있었습니다.

基本形 만나다⇒ 語幹 **만나**+ 語尾 **지 않고**

71 ~에と ~로

071

1. 私は**クァンジュ（光州）に**到着した。 『パンマル』

2. 掃除は**1時間で**全部終わらせろ。 『パンマル』

3. ライブハウスは**ホンデ（弘大）に**たくさんあります。 『요体』

4. 焼酎**1杯で**酔ってしまいました。 『요体』

5. 少ししたら**家に**到着します。 『니다体』

6. その人は**ハワイへ**旅立ちました。 『니다体』

7. **風邪で**苦しんでいるよ。 『パンマル』

8. 工事中なので**遠まわりして**（直訳：**遠い道で**まわって） 『요体』
   行かなければなりません。

補足メモ

1. 도착하다「到着する」⟺ 反対 ⟺ 출발하다「出発する」

2. 한 시간안에「1時間中に」：「1時間以内に」ということを表す自然な表現。「以内に」には **이내에** という表現もあるが、会話では **안에**をよく使う。

3. 홍대「弘大」：홍익대학교「弘益（ホンイク）大学校」の縮約

文法をおさえよう

~ 에	<場所>	到着点を表す。
	<道具>	何らかの行為においてそれを道具として用いる意図がなかったことを表す。
	<原因>	前の名詞が直接的で実際的な原因である場合に使う。
~ 로	<場所>	出発時の目標点・方向・経由地を表す。
	<道具>	意図的にその道具を用いたことを表す。
	<原因>	全体的に影響を及ぼす原因である場合に使う。

① 나는 **광주에** 도착했다.

② 청소는 **한 시간 안에** 다 끝내라.

③ 라이브 하우스는 **홍대에** 많이 있어요.

④ 소주 **한 잔에** 취해 버렸어요.

⑤ 조금 있으면 **집에** 도착합니다.

⑥ 그 사람은 **하와이로** 떠났습니다.

⑦ **감기로** 고생하고 있어.

⑧ 공사중이기 때문에 **먼 길로** 돌아서 가야 해요.

---

④ **취하다**「酔う」
⑦ **고생하다**「苦労する」

72

受身形①

~れる、~られる

◀)) 072

□1 初恋は**忘れられますか**？ 　　　　　　　　　　　요체

□2 子犬に**噛まれました**。 　　　　　　　　　　　　요체

□3 お店のドアが**閉められていました**。 　　　　　요체

□4 幻聴が**聞こえますか**？ いつからですか？ 　　요체

□5 そのメガネは前よりよく**見えますか**？ 　　　　요체

□6 今年、一番たくさん**売れた**本は何ですか？ 　要체

□7 新聞に白先生の記事が**載せられました**。 　　요체

□8 ストレスが**溜まると**体によくありません。 　요체

―― 補足メモ ――

□1 잊히다「忘れられる」: 잊다「忘れる」の受身
□2 물리다「噛まれる」: 물다「噛む」の受身
□4 들리다「聞こえる」: 듣다「聞く」の受身
□5 보이다「見える」: 보다「見る」の受身

❷ 文法をおさえよう

（他動詞の）語幹＋이/히/리/기＋다

⇒どれをつけるかは元の他動詞の語幹の最後の音によってほぼ決まる。

	動詞の語幹の最後の音	つける文字	例）
①	ㅎ or 母音	이	놓다「置く」→놓이다「置かれる」、보다「見る」→보이다「見える」
②	ㄱ, ㄷ, ㅂ, ㅈ	히	닫다「閉める」→닫히다「閉まる」、잡다「握る」→잡히다「握られる」
③	ㄷ, ㄹ or 르	리	풀다「ほどく」→풀리다「ほどける」、부르다「呼ぶ」→불리다「呼ばれる」
④	①～③以外	기	씻다「洗う」→씻기다「洗われる」、안다「抱く」→안기다「抱かれる」

---

① 첫사랑은 **잊혀져요**?

잊다⇒ 受身 잊히다

② 강아지한테 **물렸어요**.

물다→ 受身 물리다

③ 가게 문이 **닫혀 있었어요**.

닫다⇒ 受身 닫히다

④ 환청이 **들려요**? 언제부터요?

듣다⇒ 受身 들리다

⑤ 그 안경은 전보다 잘 **보여요**?

보다⇒ 受身 보이다

⑥ 올해 가장 많이 **팔린** 책이 뭐예요?

팔다⇒ 受身 팔리다

⑦ 신문에 백선생님 기사가 **실렸어요**.

싣다⇒ 受身 실리다

⑧ 스트레스가 **쌓이면** 몸에 좋지 않아요.

쌓다⇒ 受身 쌓이다

---

⑥ **팔리다**「売られる」: **팔다**「売る」の受身
⑦ **실리다**「載せられる」: **싣다**「載せる」の受身
⑧ **쌓이다**「積まれる」: **쌓다**「積む」の受身

73 受身形②

～れる、～られる

◀)) 073

① その小説は韓国語でも**翻訳されました**。　　　요体

② 人々の前で**侮辱されました**。　　　요体

③ 大阪城はいつ**作られましたか**？　　　요体

④ そのスターは何で理由なく**非難されて
いますか**？　　　요体

⑤ この地域は**再開発されています**。　　　요体

⑥ 知り合いが宝くじに**当選したそうです**。　　　요体

⑦ 先生に**褒められました**。　　　요体

⑧ 信頼していた人に**裏切られました**。　　　요体

補足メモ

② 모욕「侮辱」：参考굴욕「直訳：屈辱」
⑥ 아는 사람「知っている人」：알는 사람（×）／당선「直訳：当選」：主に選挙などで用いられる。
⑦ 칭찬받다「称賛を受ける」「褒められる」：칭찬「称賛」＋받다「もらう」「受ける」「受け取る」
⑧ 基신뢰 [실뢰] 하다「直訳：信頼する」：＝基믿다「信じる」。믿었던 사람한테「信じていた人に」

⊙ 文法をおさえよう

・~ 하다 ⇒ ~ 되다

・아/어지다　＊（語幹の最後にㅗかㅏ）あり ～ 아지다

　　　　　　　　なし ～ 어지다

※体言+당하다/맞다/받다の形で受身を表すことがある。②④⑦⑧

① 그 소설은 한국어로도 **번역되었어요**.

　　　번역하다⇒ 受身 **번역되다**

② 사람들 앞에서 **모욕당했어요**.

　　　모욕 ㅣ 당하다→ 受身 **모욕당하다**

③ 오사카성은 언제 **만들어졌어요**?

　　　만들 + 어지다⇒ 受身 **만들어지다**

④ 그 스타는 왜 이유없이 **비난받아요**?

　　　비난 + 받다⇒ 受身 **비난받다**

⑤ 이 지역은 **재개발되고** 있어요.

　　　재개발하다⇒ 受身 **재개발되다**

⑥ 아는 사람이 복권에 **당첨되었대요**.

　　　당첨 + 되다 ⇒ 受身 **당첨되다**

⑦ 선생님께 **칭찬받았어요**.

　　　칭찬 + 받다⇒ 受身 **칭찬받다**

⑧ 신뢰했던 사람한테 **배신당했어요**.

　　　배신 + 당하다⇒ 受身 **배신당하다**

という表現も多く用いられる。

74 使役

～せる、～させる

🔊 074

| ① | **笑わせる**な！ | パンマル |

| ② | どうしてしょっちゅう弟を**泣かせるの**？ | パンマル |

| ③ | 午前中に部屋を**空けて下さい**。 | 요体 |

| ④ | 海産物は火でしっかり**焼いて**召し上がって
下さい。 | 요体 |

| ⑤ | イ・ドンウクさんが靴を**履かせてくれました**。 | 요体 |

| ⑥ | 銀行にお金を**預けました**。 | 요体 |

| ⑦ | 酒(と)タバコを**減らして下さい**。 | 니다体 |

| ⑧ | 私が他の人の日程に**合わせます**。 | 니다体 |

———＼補足メモ／———

① **웃기다**「笑わせる」：**웃다**「笑う」の使役／この文は、「バカなことを言うな」の意。

② **울리다**「泣かす」：**울다**「泣く」の使役

③ **비우다**「空ける」：**비다**「空く」の使役

④ **익히다**「火を通す」「煮る」「実らせる」：**익다**「煮える」「(実・穀物などが) 実る」「熟れる」の使役

🎵 文法をおさえよう

語幹＋이/히/리/기/추/우＋다

→直接手を下して「させる」ことを意味する。

比較

~게 하다(75課)

→「そうするよう命じる、そう仕向ける」という間接的な使役を表す。

例) 옷을 **입히다**「服を着せる」 **比較** 옷을 **입게 하다**「服を着させる」

---

① **웃기지** 마!

웃다 ⇒ 使役 **웃기다**

② 왜 자꾸 남동생을 **울리니**?

울다 → 使役 **울리다**

③ 오전 중으로 방을 **비워 주세요**.

비다 ⇒ 使役 **비우다**

④ 해산물은 불에 잘 **익혀서 드세요**.

익다 ⇒ 使役 **익히다**

⑤ 이동욱 씨가 신발을 **신겨 줬어요**.

신다 ⇒ 使役 **신기다**

⑥ 은행에 돈을 **맡겼어요**.

맡다 ⇒ 使役 **맡기다**

⑦ 술담배를 **줄이십시오**.

줄다 ⇒ 使役 **줄이다**

⑧ 제가 다른 사람 일정에 **맞추겠습니다**.

맞다 ⇒ 使役 **맞추다**

---

⑤ **신기다**「履かせる」：**신다**「履く」の使役 **参考 신발**「はきもの」 **구두**「靴」
⑥ **맡기다**「預ける」：**맡다**「預かる」の使役
⑦ **줄이다**「減らす」：**줄다**「減る」の使役
⑧ **맞추다**「合わせる」：**맞다**「合う」の使役

75 ～게 하다

～するようにする、～させる、～くする

🔊 075

①	血の涙を**流させて**やる。	パンマル
②	**びっくりさせる**つもりです。	요체
③	どうか**行かせて下さい**。	요체
④	あなたのそばに**いさせて下さい**。	요체
⑤	男子にスカートを**履かせた**そうです。	요체
⑥	学校の先輩が嫌だと言うのにお酒を**飲ませました**。	요체
⑦	この薬は血液の巡りを**よくしてくれます**。	니다체
⑧	鈴木先生はいつもすごい人だなという気持ちに**させられます**。	니다체

―― 補足メモ ――

① 피눈물을 흘리다「血の涙を流す」
③ この文は、「帰らせてください」という意味でもよく使われる。
④ 당신「(主に中年以上の夫婦の間で) あなた」「お前」
⑤ 남자한테「男子に」：日常会話では 남자에게 より 남자한테 がよく用いられる。

190

ⓒ 文法をおさえよう

※主に動詞・形容詞・存在詞との組み合わせで使う。

| 語幹 + 게 하다 |

※~게 만들다(~するように仕向ける)

比較
- 直接使役　입히다　着せる、着せてやる(自ら相手に服を着せる)
- 間接使役　입게 하다　着るようにする、着せる
　　　　　　　　　　　　(相手が自分から服を着るような状況を作る)

---

① 피눈물을 **흘리게** 해 줄거야 .

　　　基本形 흘리다 ⇒ 語幹 **흘리** + 語尾 게 해 줄거야

② **깜짝 놀라게 만들** 거예요 .

　　　基本形 놀라다 ⇒ 語幹 **놀라** + 語尾 게 만들 거예요

③ 제발 **가게 해 주세요** .

　　　基本形 가다 ⇒ 語幹 **가** + 語尾 게 해 주세요

④ 당신 곁에 **있게 해 주세요** .

　　　基本形 있다 ⇒ 語幹 **있** + 語尾 게 해 주세요

⑤ 남자한테 치마를 **입게 했대요** .

　　　基本形 입다 ⇒ 語幹 **입** + 語尾 게 했대요

⑥ 학교 선배가 싫다고 하는데 술을 **마시게 했어요** .

　　　基本形 마시다 ⇒ 語幹 **마시** + 語尾 게 했어요

⑦ 이 약은 혈액순환을 **좋게 해 줍니다** .

　　　基本形 좋다 ⇒ 語幹 **좋** + 語尾 게 해 줍니다

⑧ 스즈키 선생님은 항상 대단하구나 하는 생각이 **들게 합니다** .

　　　基本形 들다 ⇒ 語幹 **들** + 語尾 게 합니다

---

⑦ **혈액순환**「直訳：血液循環」
⑧ **생각이 들다**「気がする」：「~感じがする」「~思いをする」という意味でも用いる。**参考 생각해
내다**「考え出す」「思い出す」　**생각이 떠오르다**「思い浮かぶ」「思いつく」**생각에 잠기다**「考え
込む」

勉強しているのに実力が伸びない？！

　１〜２年で上達する方もいらっしゃれば、何年勉強しても実力が伸びません、という方もいらっしゃるはずです。特に、リスニングやスピーキングの面においてはなおさらです。それには、絶対に理由があるはずです。

　実は、情熱「白」先生は長年、韓国語スピーチ全国大会の審査員をやっており、多くの優秀学習者を調べてきました。上手になった人には特徴があるということです。もちろん個人差はあります。しかし、どんな学習法をどう用いるかによって結果はだいぶ変わってくるでしょう。たまに、「白先生！私は３年も勉強しているのに、実力が伸びた気がしません」という方もいらっしゃいます。その場合は主に二つのことが考えられます。

　一つ目のパターン、伸びているのにもかかわらず本人が認めない場合です。「今の発音とてもいいですね〜」「最近、実力が伸びていますね〜」と褒められると「いえいえ、そんなことありませんよ」「伸びていません」と否定するのです。「謙遜」という日本の文化はとてもよいと思います。しかし、語学の学習面において、あまりにも謙遜するのはむしろ否定的な影響を及ぼす可能性があります。上達したと感じた時は、最低「できていない」という否定的な発言だけは避けて下さい。

　二つ目のパターン、きちんと勉強していないのに、たくさん勉強していると錯覚している場合です。情熱「白」先生は日本に来る前に日本語を１年勉強しました。自分はすごく頑張ったつもりでしたが、全く聞き取れないし、話せませんでした。その間、日本語教室に登録して１カ月に２回80分の授業を受けたので、1920分、つまり１年間32時間しか勉強していません。予習や復習を入れて２〜３倍学習時間を増やしたとしても、総学習時間は１年ではなく、４〜５日くらいでしょう。しかし、学習法のことは真剣に考えず、早く聞き取りたい！早く話したい！という気持ちで頭がいっぱいでした。もしかすると、その時の情熱「白」先生は学習法や学習時間ではなく、１年という期間だけ気にしすぎて焦っていたのかもしれません。

　皆さんも自分の韓国語の実力と学習法を改めてチェックし、まずは焦らずに、本書でコツコツ頑張ってみることをオススメします。皆さんのために、シリーズ３冊の本文の前には効果的な学習法を掲載しています。

フレーズトレーニング

ここでは本文の 75 のセクションのセンテンス (文)
中で使用している重要な表現を「日本語⇒韓国語」
で配列してあります。音声を聴いて覚えましょう。
このトレーニングをすることで本文の作文がしやす
くなります。

【1】 🔊 076

☐ いつだって？	⇒ 언제라고？	1-1
☐ 何だって？	⇒ 뭐라고？	1-2
☐ スターだって？	⇒ 스타라고？	1-3
☐ おばさんだって？	⇒ 아줌마라고？	1-4
☐ 優しい学生なんだよ。	⇒ 착한 학생이라고.	1-5
☐ チョン・ユンホと申します。	⇒ 정윤호라고 합니다.	1-6
☐ シム・チャンミンと申します。	⇒ 심창민이라고 합니다.	1-7
☐ 職員ではないそうです。	⇒ 직원이 아니라고 합니다.	1-8

【2】 🔊 077

☐ その人が女ですって？	⇒ 그 사람이 여자라니요？	2-1
☐ この鞄が偽物ですって？	⇒ 이 가방이 가짜라니요？	2-2
☐ 結婚ですって？	⇒ 결혼이라니요？	2-3
☐ お金をもっと払えですって？	⇒ 돈을 더 내라니요？	2-4
☐ おばさんですって？	⇒ 아줌마라니요？	2-5
☐ 先に寝ろですって？	⇒ 먼저 자라니요？	2-6
☐ 会社をクビになるなんて？	⇒ 회사에서 짤리다니요？	2-7
☐ 時間がないですって？	⇒ 시간이 없다니요？	2-8

【3】 🔊 078

	悪いと思っていません。	⇒ 나쁘다고 생각하지 않아요.	3-1
☐	悪いと思っていません。	⇒ 나쁘다고 생각하지 않아요.	3-1
☐	本心ではなかったと思います。	⇒ 진심이 아니었을 거라고 생각해요.	3-2
☐	自信があると思いました。	⇒ 자신이 있다고 생각했어요.	3-3
☐	愛していると思っていました。	⇒ 사랑한다고 생각했어요.	3-4
☐	きれいだと思っていました。	⇒ 예쁘다고 생각했어요.	3-5
☐	きれいだと思ったことがありました。	⇒ 예쁘다고 생각한 적이 있었어요.	3-6
☐	どんな人がいい人だと思いますか?	⇒ 어떤 사람이 좋은 사람이라고 생각합니까?	3-7
☐	死ぬこともできると思っていらっしゃいますか?	⇒ 죽을 수(도) 있다고 생각하십니까?	3-8

【4】 🔊 079

	やせていたってば!	⇒ 말랐었다니까!	4-1
☐	やせていたってば!	⇒ 말랐었다니까!	4-1
☐	出発したってば!	⇒ 출발했다니까!	4-2
☐	これから頑張るというので	⇒ 앞으로 열심히 하겠다니까	4-3
☐	出っ張ってないですってば。	⇒ 안 튀어나왔다니까요.	4-4
☐	難しかったですってば。	⇒ 어려웠다니까요.	4-5
☐	牛丼ばかりずっと食べていましたよ。	⇒ 규동만 계속 먹었다니까요.	4-6

☐ ダメだとおっしゃいましたってば！	⇒ 안 된다고 말씀하셨다니까요！	4-7
☐ 死ぬと言ったら許可してくださいました。	⇒ 죽겠다니까 허락해 주셨어요.	4-8

【5】 🔊 080

☐ 耐えなさい。	⇒ 참으라.	5-1
☐ 愛せよ。	⇒ 사랑하라.	5-2
☐ 生きなさい。	⇒ 살라.	5-3
☐ 攻撃せよ。	⇒ 공격하라.	5-4
☐ 聞け。	⇒ 들으라.	5-5
☐ 乞うご期待	⇒ 기대하시라	5-6
☐ 祝福あれ。	⇒ 축복이 있으라.	5-7
☐ 感謝せよ。	⇒ 감사하라.	5-8

【6】 🔊 081

☐ 座れって？	⇒ 앉으래？	6-1
☐ 買えって言った？	⇒ 사래？	6-2
☐ ついて来いって言った？	⇒ 따라 오래？	6-3
☐ 家にいろって。	⇒ 집에 있으래.	6-4
☐ 知らないふりしろって。	⇒ 모르는 척하래.	6-5
☐ 電話しろって。	⇒ 전화하래.	6-6

☐ 気を付けろって。	⇒ 조심하래 .	6-7
☐ 待ちなさいって。	⇒ 기다리래 .	6-8

【7】 🔊 082

☐ 努力すればできる！	⇒ 노력하면 돼 !	7-1
☐ 別れればいい。	⇒ 헤어지면 돼 .	7-2
☐ 食べればいい。	⇒ 먹으면 돼 .	7-3
☐ いらっしゃればいいですよ。	⇒ 오시면 돼요 .	7-4
☐ 行けばいいですよ。	⇒ 가면 돼요 .	7-5
☐ 電話すればいいですか？	⇒ 전화하면 돼요 ?	7-6
☐ 交通の便さえよければ大丈夫です。	⇒ 교통만 편리하면 돼요 .	7-7
☐ 5分だけ待っていればいいです。	⇒ 5 분만 기다리면 됩니다 .	7-8

【8】 🔊 083

☐ 触ってはいけません。	⇒ 만지면 안 돼요 .	8-1
☐ 駐車してはいけません。	⇒ 주차하면 안 돼요 .	8-2
☐ 寝てはいけません。	⇒ 주무시면 안 돼요 .	8-3
☐ 騒いではいけません。	⇒ 떠들면 안 돼요 .	8-4
☐ 発音してはいけません。	⇒ 발음하면 안 돼요 .	8-5
☐ 使用してはいけません。	⇒ 사용하면 안 돼요 .	8-6
☐ 召し上がりすぎてはいけません。	⇒ 너무 많이 드시면 안 돼요 .	8-7

☐ その人でないとだめです。	⇒ 그 사람이 아니면 안 됩니다.	8-8

【9】 🔊 084

☐ 家に帰るね。	⇒ 집에 갈래.	9-1
☐ 愛することはしない。	⇒ 사랑 안 할래.	9-2
☐ これ以上だまされないわ。	⇒ 더 이상 속지 않을래.	9-3
☐ そんなの信じないわ。	⇒ 그런 거 믿지 않을래.	9-4
☐ 一緒にやってみない?	⇒ 같이 해 보지 않을래?	9-5
☐ ご飯食べるか?(それとも)私と一緒に死ぬか?	⇒ 밥 먹을래? 나랑 같이 죽을래?	9-6
☐ 付き合いましょうか?	⇒ 사귈래요?	9-7
☐ お召し上がりになりますか?	⇒ 드실래요?	9-8

【10】 🔊 085

☐ 連絡しなければよかった。	⇒ 연락하지 말걸.	10-1
☐ 到着しただろう。	⇒ 도착했을걸.	10-2
☐ 食べればよかった。	⇒ 먹을걸 그랬어.	10-3
☐ 勉強すればよかった。	⇒ 공부할걸.	10-4
☐ もらえばよかった。	⇒ 받을걸.	10-5
☐ 待っていればよかった。	⇒ 기다릴걸 그랬어.	10-6
☐ 売れただろう。	⇒ 팔렸을걸.	10-7
☐ ないでしょう。	⇒ 없을걸요.	10-8

【11】 🔊 086

☐	そんなはずがないのになぁ。	⇒ 그럴 리가 없는데.	11-1
☐	小さいはずがないのにね。	⇒ 작을 리가 없는데.	11-2
☐	お金があるはずがない。	⇒ 돈이 있을 리가 없어.	11-3
☐	去って行ったはずがない。	⇒ 떠났을 리가 없어.	11-4
☐	いるはずがないのに。	⇒ 있을 리가 없는데.	11-5
☐	裏切るはずがないです。	⇒ 배신할 리가 없어요.	11-6
☐	手術をしたはずがないです。	⇒ 수술을 했을 리가 없어요.	11-7
☐	嘘をつくはずがないです。	⇒ 거짓말을 할 리가 없어요.	11-8

【12】 🔊 087

☐	いるかもしれない。	⇒ 있을지도 몰라.	12-1
☐	忘れられないかもしれない。	⇒ 못 잊을지도 몰라.	12-2
☐	チャンスかもしれない。	⇒ 기회일지 몰라.	12-3
☐	他の人ができたかもしれない。	⇒ 다른 사람이 생겼을지 몰라.	12-4
☐	ご存じかもしれません。	⇒ 아실지도 몰라요.	12-5
☐	到着したかもしれません。	⇒ 도착했을지도 모릅니다.	12-6
☐	終わったかもしれません。	⇒ 끝났을지 모릅니다.	12-7
☐	口に合うか(どうか)分かりません。	⇒ 입에 맞을지 모르겠습니다.	12-8

☐ 嫌いになるしか。	⇒ 싫어질 수 밖에.	13-1
☐ 笑うしかなかった。	⇒ 웃을 수 밖에 없었다.	13-2
☐ 逃げるしかなかった。	⇒ 도망칠 수 밖에 없었다.	13-3
☐ 愛は冷めるしかない。	⇒ 사랑이 식을 수 밖에 없다.	13-4
☐ そうするしかなかった。	⇒ 그럴 수 밖에 없었다.	13-5
☐ お酒を飲まざるを得ません （飲むしかありません）。	⇒ 술을 마실 수 밖에 없어요.	13-6
☐ 借金が増えざるを得ません。	⇒ 빚이 늘어날 수 밖에 없어요.	13-7
☐ 忘れてしまいます。	⇒ 잊어 버릴 수 밖에 없어요.	13-8

☐ 君だけだよ！	⇒ 너뿐이야！	14-1
☐ いるだけだよ。	⇒ 있을 뿐이야.	14-2
☐ 望むだけだ。	⇒ 바랄 뿐이야.	14-3
☐ 私だけだ。	⇒ 나뿐이다.	14-4
☐ ハンサムな外見だけだ。	⇒ 잘생긴 외모뿐이다.	14-5
☐ 行っただけです。	⇒ 갔을 뿐이에요.	14-6
☐ 泣いてばかりです。	⇒ 울기만 할 뿐이에요.	14-7
☐ ただの親しい友達の仲であるだけです（関係にすぎません）。	⇒ 그냥 친한 친구 사이일 뿐이에요.	14-8

【15】 🔊 090

☐ やめようかと思う。	⇒ 관둘까 봐 .	15-1
☐ 読もうかな。	⇒ 읽을까 봐 .	15-2
☐ 諦めなければならないかと思う。	⇒ 포기해야 할까 봐 .	15-3
☐ 心配するかと思って。	⇒ 걱정하실까 봐 .	15-4
☐ 行かなくちゃいけないだろうなと思います。	⇒ 가야 할까 봐요 .	15-5
☐ 休もうかと思います。	⇒ 쉴까 봐요 .	15-6
☐ 振られるんじゃないかと思い	⇒ 차일까 봐	15-7
☐ 太るかと思い	⇒ 살찔까 봐	15-8

【16】 🔊 091

☐ そうみたいです。	⇒ 그런가 봐요 .	16-1
☐ お疲れのようですね。	⇒ 피곤하신가 봐요 .	16-2
☐ いないようですね？	⇒ 없나 봐요 ?	16-3
☐ 間違った考えをしたようです。	⇒ 잘못 생각했나 봐요 .	16-4
☐ あるみたいですね？	⇒ 있나 봐요 ?	16-5
☐ よくないみたいですね。	⇒ 좋지 않은가 봐요 .	16-6
☐ 壊れたみたいです。	⇒ 고장났나 봐요 .	16-7
☐ 好きなようですね。	⇒ 좋아하시나 봐요 .	16-8

【17】 🔊 092

☐ もうやめろ。	⇒ 그만 해라.	17-1
☐ 食べるの(を)やめなさい。	⇒ 그만 먹어라.	17-2
☐ お金を早く返せ。	⇒ 돈 빨리 갚아라.	17-3
☐ だまされるなよ。	⇒ 속지 마라!	17-4
☐ 喧嘩するなよ。	⇒ 싸우지 마라.	17-5
☐ 認めなさい。	⇒ 인정해라.	17-6
☐ 静かにしろ！	⇒ 조용히 해라!	17-7
☐ 早く来い！	⇒ 빨리 와라!	17-8

【18】 🔊 093

☐ 別れてしまったの？	⇒ 헤어져 버린거야?	18-1
☐ 捨ててしまえ！	⇒ 버려 버려!	18-2
☐ なくしてしまいました。	⇒ 잃어 버렸어요.	18-3
☐ 売ってしまいました。	⇒ 팔아 버렸어요.	18-4
☐ 燃やしてしまいました。	⇒ 태워 버렸어요.	18-5
☐ 来てしまいました。	⇒ 와 버렸어요.	18-6
☐ 疎遠になってしまいました。	⇒ 사이가 멀어져 버렸어요.	18-7
☐ 記憶をなくしてしまいました。	⇒ 기억을 잊어 버렸어요.	18-8

【19】 🔊 094

☐ 大きく見える。	⇒ 커 보인다.	19-1
☐ 顔が真っ青に見えるけど大丈夫?	⇒ 얼굴이 창백해 보이는데, 괜찮아?	19-2
☐ 親しく見えます。	⇒ 친해 보여요.	19-3
☐ 顔が明るく見えます。	⇒ 얼굴이 환해 보여요.	19-4
☐ 気分がよさそうに見えますね。	⇒ 기분이 좋아 보이네요.	19-5
☐ 悲しく見えますね。	⇒ 슬퍼 보이네요.	19-6
☐ やつれて見えます。	⇒ 수척해 보여요.	19-7
☐ 可哀想に見えます。	⇒ 불쌍해 보여요.	19-8

【20】 🔊 095

☐ 結構モテたな。	⇒ 잘 나갔었지.	20-1
☐ ねだっていたな。	⇒ 졸랐었지.	20-2
☐ 頭がよかったのにな。	⇒ 머리가 좋았었는데.	20-3
☐ よく行ってたよ。	⇒ 자주 갔었어.	20-4
☐ ラブラブしていたのにな。	⇒ 깨가 쏟아졌었는데.	20-5
☐ 飲んでいたな。	⇒ 마셨었지.	20-6
☐ 君しか見えなかったよ。	⇒ 너밖에 안 보였었어.	20-7
☐ その人にゾッコンだったよ。	⇒ 그 사람한테 미쳤었지.	20-8

【21】 🔊 096

☐ 一度会わないとね。	⇒ 한 번 만나야지 .	21-1
☐ 節約しないとね。	⇒ 아껴야지 .	21-2
☐ 働かないとね。	⇒ 일해야지 .	21-3
☐ 寝ないとね。	⇒ 자야지 .	21-4
☐ 稼がないとね。	⇒ 벌어야지 .	21-5
☐ 仕事を終えないと。	⇒ 일을 끝내야지 .	21-6
☐ 末永く健康でいらっしゃらなければなりませんよ。	⇒ 오래오래 건강하셔야죠 .	21-7
☐ 食事をちゃんと取らないといけないんですよ。	⇒ 식사를 꼭 하셔야지요 .	21-8

【22】 🔊 097

☐ ミスしてしまった。	⇒ 실수하고 말았다 .	22-1
☐ 泣いてしまった。	⇒ 울고 말았다 .	22-2
☐ 離婚をしてしまった。	⇒ 이혼을 하고 말았다 .	22-3
☐ ネックレスをなくしてしまった。	⇒ 목걸이를 잃어버리고 말았다 .	22-4
☐ 会ってしまったんだよ。	⇒ 만나고 말았어 .	22-5
☐ 転んでしまいました。	⇒ 넘어지고 말았어요 .	22-6
☐ 水をこぼしてしまいました。	⇒ 물을 쏟고 말았어요 .	22-7
☐ 死んでしまいました。	⇒ 죽고 말았어요 .	22-8

【23】 🔊 098

☐ 復讐するぞ。	⇒ 복수하고 말겠어.	23-1
☐ 成し遂げてみせる。	⇒ 해내고 만다.	23-2
☐ 合格してみせるわ。	⇒ 합격하고 말겠어.	23-3
☐ 優勝してみせるぞ！	⇒ 우승하고 말겠어.	23-4
☐ 髪を切ってやる。	⇒ 머리를 깎아 놓고 말거야.	23-5
☐ 結婚してみせます。	⇒ 결혼하고 말겠어요.	23-6
☐ 告白をしてみせます。	⇒ 고백을 하고 말 거예요.	23-7
☐ 叶えてみせます。	⇒ 이루고(야) 말겠습니다.	23-8

【24】 🔊 099

☐ 行きたがっています。	⇒ 가고 싶어해요.	24-1
☐ 韓国語を上手に話したがっています。	⇒ 한국어를 잘하고 싶어해요.	24-2
☐ 子供を欲しがっています。	⇒ 아이를 낳고 싶어해요.	24-3
☐ 知りたがっています。	⇒ 알고 싶어해요.	24-4
☐ おもちゃを欲しがっています。	⇒ 장난감을 갖고 싶어해요.	24-5
☐ カバンを欲しがっています。	⇒ 가방을 갖고 싶어해요.	24-6
☐ 遊びに行きたがっています。	⇒ 놀러가고 싶어해요.	24-7
☐ 暮らしたがっています。	⇒ 살고 싶어해요.	24-8

【25】 ◀)) 100

□ 来たりしました。	⇒ 오고는 했어요.	25-1
□ チェックしたりします。	⇒ 체크하고는 해요.	25-2
□ ライブをしたりしました。	⇒ 라이브를 하고는 했어요.	25-3
□ 忘れたりします。	⇒ 잊고는 합니다.	25-4
□ 会ったりします。	⇒ 만나고는 합니다.	25-5
□ おしゃべりをしたりしています。	⇒ 수다를 떨고는 합니다.	25-6
□ 探したりします。	⇒ 찾고는 합니다.	25-7
□ 歌を歌ったりします。	⇒ 노래를 부르고는 합니다.	25-8

【26】 ◀)) 101

□ どのような形をしていますか?	⇒ 어떻게 생겼어요?	26-1
□ 可愛らしい顔立ちをしています。	⇒ 귀엽게 생겼어요.	26-2
□ 勉強ができるような顔をしていますね。	⇒ 공부 잘하게 생겼네요.	26-3
□ 怒られるはめになりそうです。	⇒ 혼나게 생겼어요.	26-4
□ 苦労するはめになりそうです。	⇒ 고생하게 생겼어요.	26-5
□ 跡が残ることになりそうです。	⇒ 자국이 남게 생겼어요.	26-6
□ クビになりそうです。	⇒ 짤리게 생겼어요.	26-7
□ 減俸処分されるはめになりそうです。	⇒ 감봉처분 받게 생겼어요.	26-8

【27】 🔊 102

☐ 聞きたくない！	⇒ 듣기 싫어!	27-1
☐ 見たくない。	⇒ 보기 싫어.	27-2
☐ 聞きたくない小言	⇒ 듣기 싫은 잔소리	27-3
☐ 起きるのが嫌だった。	⇒ 일어나기 싫었어.	27-4
☐ 離れるのは嫌です。	⇒ 떨어지기는 싫어요.	27-5
☐ 行きたくありません。	⇒ 가기 싫어요.	27-6
☐ 苦い薬は飲みたくありません。	⇒ 쓴 약은 먹기 싫어요.	27-7
☐ 発表したくありません。	⇒ 발표하기 싫어요.	27-8

【28】 🔊 103

☐ きっともたれるわよ。	⇒ 체하기 십상이다.	28-1
☐ 誤解を招くのがおちだ。	⇒ 오해를 사기 십상이다.	28-2
☐ 損害を被るに決まっているだろう。	⇒ 손해 보기 십상일 걸.	28-3
☐ きっと風邪をひくよ。	⇒ 감기 걸리기 십상이지.	28-4
☐ きっと事故が起こるだろう。	⇒ 사고 나기 십상이야.	28-5
☐ 失敗しやすいですね。	⇒ 실수하기 십상이지요.	28-6
☐ 旧世代に扱われるのがおちです。	⇒ 구세대로 취급받기 십상이에요.	28-7
☐ よく遅刻します。	⇒ 지각하기 일쑤예요.	28-8

【29】 🔊 104

考え方次第だよ。	⇒ 생각하기 나름이야.	29-1
物によるよ。	⇒ 물건 나름이지.	29-2
自分のやる気にかかっています。	⇒ 자기 하기 나름이에요.	29-3
女次第です。	⇒ 여자 하기 나름이에요.	29-4
努力次第でしょう。	⇒ 노력하기 나름이지요.	29-5
受け入れるか(どうか)にかかっています。	⇒ 받아들이기 나름이에요.	29-6
手入れ次第です。	⇒ 가꾸기 나름이에요.	29-7
実践するかどうかにかかっています。	⇒ 실천하기 나름입니다.	29-8

【30】 🔊 105

名前は何だっけ？	⇒ 이름이 뭐더라?	30-1
何で行ったっけ？	⇒ 왜 갔더라?	30-2
ほんとうに美味しかったよ。	⇒ 정말 맛있더라.	30-3
どこに置いたっけ？	⇒ 어디에 났더라?	30-4
だから、それがいつだっけ？	⇒ 그러니까 그게 언제더라?	30-5
ほんとうに美しかったよ。	⇒ 진짜 아름답더라.	30-6
どこだっけ？	⇒ 어디더라?	30-7
会いたかったよ。	⇒ 보고 싶더라.	30-8

【31】 🔊 106

☐	高かったんだってよ（直訳:高いんだってよ）。	⇒ 비싸더래 .	31-1
☐	いらっしゃったそうだよ。	⇒ 계시더래 .	31-2
☐	聞こえたそうだよ。	⇒ 들리더래 .	31-3
☐	助けてと言ったそうだよ。	⇒ 도와달라고 하더래 .	31-4
☐	知り合いだったんだって。	⇒ 아는 사람이었더래 .	31-5
☐	かっこよかったんだって。	⇒ 멋있더래 .	31-6
☐	（会えて）嬉しかったんだって。	⇒ 반갑더래 .	31-7
☐	浮気をしたんだって。	⇒ 바람을 피웠더래 .	31-8

【32】 🔊 107

☐	見ているところだよ。	⇒ 보는 중이야 .	32-1
☐	筋肉をつけているところです。	⇒ 근육을 만드는 중이에요 .	32-2
☐	伸ばしている最中です。	⇒ 기르는 중이에요 .	32-3
☐	待っているところです。	⇒ 기다리는 중이에요 .	32-4
☐	考えているところです。	⇒ 생각하는 중이에요 .	32-5
☐	悩んでいるところです。	⇒ 고민하는 중이에요 .	32-6
☐	手伝っている最中です。	⇒ 도와주는 중이에요 .	32-7
☐	計画を立てている最中です。	⇒ 계획을 짜는 중이에요 .	32-8

【33】 🔊 108

☐ お言葉どおりにしろ。	⇒ 말씀 들어.	33-1
☐ 褒められました(直訳:賞賛を聞きました)。	⇒ 칭찬을 들었어요.	33-2
☐ 一緒に歩きましょう。	⇒ 같이 걸어요.	33-3
☐ 歩きました。	⇒ 걸었어요.	33-4
☐ 心にしまいました。	⇒ 마음에 묻었어요.	33-5
☐ 悟りました。	⇒ 깨달았어요.	33-6
☐ 歩いてどのくらいかかりますか?	⇒ 걸어서 얼마나 걸려요?	33-7
☐ 道を尋ねました。	⇒ 길을 물었어요.	33-8

【34】 🔊 109

☐ 治りますか?	⇒ 나아요?	34-1
☐ 治りました。	⇒ 나았습니다.	34-2
☐ 建てますか?	⇒ 지어요?	34-3
☐ ご飯を炊きました。	⇒ 밥을 지었어요.	34-4
☐ 苦労したほうがマシです。	⇒ 고생하는 게 나아요.	34-5
☐ 注ぎます。	⇒ 부어요.	34-6
☐ なぜ笑うのですか?	⇒ 왜 웃어요?	34-7
☐ 名前をつけて下さい。	⇒ 이름을 지어 주세요.	34-8

【35】 🔊 110

☐ そうですか？	⇒ 그래요？	35-1
☐ 真っ赤です。	⇒ 빨개요.	35-2
☐ 青いですか？	⇒ 파래요？	35-3
☐ 第一印象はどうですか？	⇒ 첫인상은 어때요？	35-4
☐ 白いです。	⇒ 하얘요.	35-5
☐ どうしたんですか？(直訳:なぜそうですか？)	⇒ 왜 그래요？	35-6
☐ どうでしたか？	⇒ 어땠어요？	35-7
☐ 空が霞みます。	⇒ 하늘이 뿌예요.	35-8

【36】 🔊 111

☐ おばあちゃんの世話をするために	⇒ 할머니 모시느라고	36-1
☐ 部屋を探しに行くことによって	⇒ 방을 구하러 다니느라	36-2
☐ 病気の介護をするため	⇒ 병간호를 하느라	36-3
☐ 考えごとをしていて	⇒ 생각을 하느라고	36-4
☐ 引っ越しのお祝いをするため	⇒ 집들이 하느라고	36-5
☐ 見ていて	⇒ 보느라고	36-6
☐ 気持ちを落ち着かせるために	⇒ 마음을 가다듬느라	36-7
☐ 待つために	⇒ 기다리느라고	36-8

日韓フレーズトレーニング

【37】 🔊 112

☐ 生きていると	⇒ 살다 보니		37-1
☐ 食べていて気づいたら	⇒ 먹다 보니		37-2
☐ よく会ったりすると	⇒ 자꾸 만나다 보면		37-3
☐ 練習をしていたら	⇒ 연습하다 보면		37-4
☐ 喧嘩をしているうちに	⇒ 싸우다가 보니까		37-5
☐ 走っていたら	⇒ 달리다 보니		37-6
☐ 道を歩いていたら	⇒ 길 가다 보면		37-7
☐ 君のことを考えていると	⇒ 그대 생각하다 보면		37-8

【38】 🔊 113

☐ 言及したように	⇒ 언급했다시피		38-1
☐ 逃げるように	⇒ 도망치다시피		38-2
☐ 見てのとおり	⇒ 보다시피		38-3
☐ ご覧のとおり	⇒ 보시다시피		38-4
☐ 飢えてしまうほど(直訳:飢えるがごとく)	⇒ 굶다시피		38-5
☐ ご存じのとおり	⇒ 아시다시피		38-6
☐ 私が入り浸っていた(直訳:ほとんどそこに住んでいた)	⇒ 내가 살다시피 하던		38-7
☐ よく知られているように	⇒ 잘 알려져 있다시피		38-8

【39】 🔊 114

☐ 早く寝るように	⇒ 일찍 자도록	39-1
☐ 一晩中	⇒ 밤새도록	39-2
☐ 遅くならないように	⇒ 늦지 않도록	39-3
☐ 声がかれるほど	⇒ 목이 쉬도록	39-4
☐ 壊れないように	⇒ 망가지지 않도록	39-5
☐ 風邪にかからないように	⇒ 감기에 걸리지 않도록	39-6
☐ 1時間過ぎるまで	⇒ 한 시간이 넘도록	39-7
☐ 服用するように	⇒ 복용하도록	39-8

【40】 🔊 115

☐ 長くもありながら、短くもある。	⇒ 길고도 짧다	40-1
☐ 食べたのに食べなかったふりをした。	⇒ 먹고도 안 먹은 척했다.	40-2
☐ お金を出しても買えない。	⇒ 돈을 주고도 못 산다.	40-3
☐ 聞いても聞こえないふりをした。	⇒ 듣고도 못 들은 척했다.	40-4
☐ 手術をしたけど、してないふりをした。	⇒ 수술을 하고도 안 한 척했다.	40-5
☐ たくさん食べたのに、もうお腹がすいたの？	⇒ 많이 먹고도 벌써 배가 고프니?	40-6
☐ 罪を犯したにもかかわらず	⇒ 죄를 저지르고도	40-7

☐	わかってもわからないふりをしました。	⇒ 알고도 모르는 척했어요.	40-8

【41】 ◀) 116

☐	疲れていても	⇒ 피곤하더라도	41-1
☐	嫌だとしても	⇒ 싫더라도	41-2
☐	食欲がないとしても	⇒ 식욕이 없더라도	41-3
☐	何と言おうとも	⇒ 뭐라하더라도	41-4
☐	腹の立つことがあっても	⇒ 화나는 일이 있더라도	41-5
☐	その当時としても	⇒ 그 당시만 하더라도	41-6
☐	約束の時間に遅れるとしても	⇒ 약속 시간에 늦더라도	41-7
☐	おつらいとしても	⇒ 괴로우시더라도	41-8

【42】 ◀) 117

☐	幸せに暮らしているの？	⇒ 행복하게 살고 있니?	42-1
☐	堂々と歩いて。	⇒ 당당하게 걸어.	42-2
☐	楽しく過ごしています。	⇒ 즐겁게 지내고 있어요.	42-3
☐	きれいに咲きました。	⇒ 예쁘게 피었어요.	42-4
☐	楽しく勉強しましょう。	⇒ 재미있게 공부해요.	42-5
☐	寂しく育ったそうです。	⇒ 외롭게 자랐다고 해요.	42-6
☐	一緒に住むことになりました。	⇒ 같이 살게 됐어요.	42-7
☐	留学に行くことになりました。	⇒ 유학을 가게 되었어요.	42-8

【43】 🔊 118

☐ おしゃべりをしたら	⇒ 수다를 떨었더니	43-1
☐ 昨日は暑かったのに	⇒ 어제는 덥더니	43-2
☐ テニスをしたら	⇒ 테니스를 쳤더니	43-3
☐ 見た途端	⇒ 보더니	43-4
☐ 調子が悪く見えたのに	⇒ 아파 보이더니	43-5
☐ お兄ちゃんは窓の外を見て	⇒ 오빠는 창밖을 보더니	43-6
☐ 何日か眠れずにいたら	⇒ 며칠 잠을 못 잤디니	43-7
☐ たくさん飲み過ぎて	⇒ 많이 마셨더니	43-8

【44】 🔊 119

☐ 誰と結婚するのか	⇒ 누구랑 결혼할지	44-1
☐ ご存じかどうかわかりませんが、	⇒ 아실지 모르겠지만	44-2
☐ 私がお役に立つかどうかわかりませんが。	⇒ 제가 도움이 될지 모르겠는데요.	44-3
☐ 結果がどうなるのか	⇒ 결과가 어떨지	44-4
☐ 買うか買わないか	⇒ 살지 말지	44-5
☐ どうなさるおつもりか	⇒ 어떻게 하실지	44-6
☐ 試験を受けるかどうか	⇒ 시험을 볼지 말지	44-7
☐ 行くか行かないのか	⇒ 갈지 안 갈지	44-8

【45】 🔊 120

☐ 家に戻れってば。	⇒ 집에 돌아가라고 .	45-1
☐ 一人で帰ってということ？	⇒ 혼자서 돌아가라고 ?	45-2
☐ 気をつけるようにと言われました。	⇒ 조심하라고 했어요 .	45-3
☐ 服を買うようにとお金をくれました。	⇒ 옷을 사라고 돈을 줬어요 .	45-4
☐ 買いなさい！と言いました。	⇒ 사라고 했어요 .	45-5
☐ 新聞を読むように言われました。	⇒ 신문을 읽으라고 했어요 .	45-6
☐ 一生懸命に生きろ！と言われました。	⇒ 열심히 살라고 했어요 .	45-7
☐ 若く見えるように	⇒ 젊어 보이라고	45-8

【46】 🔊 121

☐ 来るように言われたけど	⇒ 오라는데	46-1
☐ 売るように言われたけど	⇒ 팔라는데	46-2
☐ 提出しろと言われたけど	⇒ 제출하라는데	46-3
☐ 出勤しろと言うんだけどね。	⇒ 출근하라는데 .	46-4
☐ 花より団子と言うから	⇒ 금강산도 식후경이라는데	46-5
☐ 好きだと言うんだけどね。	⇒ 좋아한다는데 .	46-6
☐ 着るように言われたけど	⇒ 입으라는데	46-7
☐ 食べるように言われたけど	⇒ 먹으라는데	46-8

【47】 ◀)) 122

☐ これから住む家だよ。	⇒ 앞으로 살 집이야.	47-1
☐ ここにいると思います。	⇒ 여기에 있을 것 같아요.	47-2
☐ 聞いてくれる人	⇒ 들어줄 사람	47-3
☐ 会うつもりはありません。	⇒ 만날 생각이 없어요.	47-4
☐ 行く予定です。	⇒ 갈 예정입니다.	47-5
☐ いつも飲み物を入れておきます。	⇒ 항상 마실 것을 넣어 둡니다.	47-6
☐ 降りられるドアは右側です。	⇒ 내리실 문은 오른쪽입니다.	47-7
☐ タンゴゲ方面に行かれるお客様	⇒ 당고개 방면으로 가실 손님	47-8

【48】 ◀)) 123

☐ 愛嬌を振りまく時	⇒ 애교부릴 때	48-1
☐ 男を選ぶ時	⇒ 남자를 고를 때	48-2
☐ ご飯を食べる時	⇒ 밥 먹을 때	48-3
☐ エレベーターに乗られる時	⇒ 엘리베이터 타실 때	48-4
☐ 仕事が終わるまで	⇒ 일이 끝날 때까지	48-5
☐ イベントをやってあげるたびに	⇒ 이벤트를 해 줄 때마다	48-6
☐ つらくなるたびに	⇒ 힘들 때마다	48-7
☐ 電車(直訳:電動車)が進入する時	⇒ 전동차가 진입할 때	48-8

【49】 🔊 124

☐	歌手をしてもいいいくらい	⇒ 가수를 해도 될 정도로	49-1
☐	お金を数え切れないほどの	⇒ 돈을 셀 수 없을 정도로	49-2
☐	すぐ入院しなければならないほどですか？	⇒ 당장 입원해야 할 정도입니까？	49-3
☐	それほどではありません。	⇒ 그 정도까지는 아닙니다.	49-4
☐	涙が出るほど	⇒ 눈물이 날 정도로	49-5
☐	ご飯を食べる時間もないくらい	⇒ 밥 먹을 시간도 없을 정도로	49-6
☐	毎日夢に出るくらい	⇒ 매일 꿈에 나올 정도로	49-7
☐	寝言を韓国語で言うくらい	⇒ 잠꼬대를 한국어로 말할 정도로	49-8

【50】 🔊 125

☐	何も心配すること(は)ない。	⇒ 아무 걱정할 거 없어.	50-1
☐	そんなに申し訳ないと思う必要はないよ。	⇒ 그렇게 미안해할 거 없어.	50-2
☐	わざわざ来る必要(は)ないよ。	⇒ 일부러 올 거 없어.	50-3
☐	長々と話さずに	⇒ 긴말 할 것 없고	50-4
☐	わざわざそうする必要ない。	⇒ 일부러 그럴 거 없어.	50-5
☐	あまり気に病むことはないですよ。	⇒ 크게 신경 쓸 것 없어요.	50-6
☐	調べる必要があるんでしょうかね？	⇒ 알아볼 필요가 있나요？	50-7

□ そんなに怒る必要はありません。 ⇒ 그렇게 화낼 필요 없어요. 50-8

【51】 ◀» 126

□ 手伝ってあげるから	⇒ 도와줄 테니까	51-1
□ 私もやるから	⇒ 나도 할 테니까	51-2
□ 成功するから	⇒ 성공할 테니까	51-3
□ 先に行くから	⇒ 먼저 갈 테니까	51-4
□ 私がご飯をおごるから	⇒ 제가 밥을 살 테니까	51-5
□ 何の問題もないはずだから	⇒ 아무 문제도 없을 테니까	51-6
□ 私は仕事を終えて行きますから	⇒ 전 일을 끝내고 갈 테니까	51-7
□ 道が混むはずだから	⇒ 길이 복잡할 테니까	51-8

【52】 ◀» 127

□ お嬢さんと錯覚しそうになったよ。	⇒ 아가씨로 착각할 뻔했잖아.	52-1
□ 天使と錯覚しそうだったよ。	⇒ 천사로 착각할 뻔했잖아.	52-2
□ ぶつかりそうだったじゃない。	⇒ 부딪힐 뻔했잖아.	52-3
□ 喧嘩になるところでした。	⇒ 싸울 뻔했어요.	52-4
□ 交通事故になるところでした。	⇒ 교통사고(가) 날 뻔했어요.	52-5
□ 詐欺に遭う(直訳:詐欺される)ところでした。	⇒ 사기당할 뻔했어요.	52-6
□ お腹がはちきれそうでした。	⇒ 배가 터질 뻔했어요.	52-7

☐ 道で転びそうになりました。	⇒ 길에서 넘어질 뻔했어요.	52-8

【53】 🔊 128

☐ 貧しくとも	⇒ 가난할망정	53-1
☐ 頭は悪いけれども	⇒ 머리는 나쁠망정	53-2
☐ 体は弱くても	⇒ 몸은 약할망정	53-3
☐ 試験に落ちるとしても	⇒ 시험에 떨어질망정	53-4
☐ 死ぬことになっても	⇒ 죽을망정	53-5
☐ 病院に行ったからよかったものの	⇒ 병원에 갔으니 망정이지	53-6
☐ 電話をかけてくれたからよかったものの	⇒ 전화해 줬으니 망정이지	53-7
☐ 韓国語ができたからよかったものの	⇒ 한국어를 할 줄 알았기에 망정이지	53-8

【54】 🔊 129

☐ 小麦粉を入れた後に	⇒ 밀가루를 넣은 다음에	54-1
☐ 駅に到着した後に	⇒ 역에 도착한 후에	54-2
☐ 別れた後に	⇒ 헤어진 뒤에	54-3
☐ 手紙を受け取った後に	⇒ 편지를 받은 후에	54-4
☐ 会った後に	⇒ 만난 후에	54-5
☐ プロポーズした後に	⇒ 프러포즈 한 다음에	54-6
☐ 結婚した後に	⇒ 결혼한 후에	54-7

☐ 食べた後に	⇒ 먹은 다음에	54-8

【55】 🔊 130

☐ 韓国語を勉強して	⇒ 한국어를 공부한 지	55-1
☐ 勉強して2年になります。	⇒ 공부한 지 2 년 됐어요.	55-2
☐ 付き合ってどのくらいになりましたか？	⇒ 사귄 지 얼마나 됐어요?	55-3
☐ 付き合って1週間くらいになります。	⇒ 사귄 지 한 일주일 됐어요.	55-4
☐ 日本に来てから	⇒ 일본에 온 지	55-5
☐ その人のことを知ってから	⇒ 그 사람을 알게 된 지	55-6
☐ 作ってからいくらも経ってないのに	⇒ 만든 지 얼마 안 됐는데	55-7
☐ ランチを食べてから	⇒ 점심 먹은 지	55-8

【56】 🔊 131

☐ 雨が降ったようです。	⇒ 비가 온 것 같아요.	56-1
☐ 雨が降っているようです。	⇒ 비가 오는 것 같아요.	56-2
☐ 雨が降りそうです。	⇒ 비가 올 것 같아요.	56-3
☐ 雨が降ったのではないかと思います。	⇒ 비가 왔을 것 같아요.	56-4
☐ 学んだようです。	⇒ 배운 것 같아요.	56-5
☐ 学んでいるようです。	⇒ 배우는 것 같아요.	56-6

☐	可愛いと思います。	⇒ 예쁠 것 같아요 .	56-7
☐	愛してたようです。	⇒ 사랑했던 것 같아요 .	56-8

【57】 🔊 132

☐	泣いているはずです。	⇒ 울고 있을 거예요 .	57-1
☐	ずいぶん忙しいでしょう。	⇒ 한참 바쁠 거예요 .	57-2
☐	常連さんだけに売ったものです。	⇒ 단골손님한테만 판 겁니다 .	57-3
☐	韓国で売っているものです。	⇒ 한국에서 파는 겁니다 .	57-4
☐	ホームショッピングだけで売るつもりです。	⇒ 홈쇼핑에서만 팔 겁니다 .	57-5
☐	嬉しくて泣いています。	⇒ 기뻐서 우는 겁니다 .	57-6
☐	諦めないつもりです。	⇒ 포기하지 않을 것입니다 .	57-7
☐	悔しくて抗議していたのです。	⇒ 억울해서 항의했었던 겁니다 .	57-8

【58】 🔊 133

☐	わからないとでも思っているのか？	⇒ 모를 줄 아니 ?	58-1
☐	私が君みたいだと思っているのか？	⇒ 내가 너 같은 줄 아니 ?	58-2
☐	そうだと思った。	⇒ 그럴 줄 알았어 .	58-3
☐	歌を歌えますか？	⇒ 노래를 부를 줄 알아요 ?	58-4
☐	文字は読めません。	⇒ 글씨는 읽을 줄 몰라요 .	58-5
☐	お酒を全く飲めません。	⇒ 술을 전혀 마실 줄 몰라요 .	58-6

☐ 英語を話せますか？	⇒ 영어를 할 줄 압니까 ?	58-7
☐ 韓国語を話せません。	⇒ 한국어를 할 줄 모릅니다 .	58-8

【59】 ◀)) 134

☐ 死ぬほど愛している。	⇒ 죽을 만큼 사랑해 .	59-1
☐ できるだけのことを十分にやった。	⇒ 할 만큼 충분히 했다 .	59-2
☐ 受けるべき教育は受けた人たち	⇒ 배울 만큼 배운 사람들	59-3
☐ 我慢できるだけ我慢した。	⇒ 참을 만큼 참았어 .	59-4
☐ 私がやられた分だけ返してあげる。	⇒ 내가 당한 만큼 갚아 줄 거야 .	59-5
☐ 食べた分だけ	⇒ 먹은 만큼	59-6
☐ もらった分だけ	⇒ 받은 만큼	59-7
☐ 目がまぶしいくらい(に)	⇒ 눈이 부실 만큼	59-8

【60】 ◀)) 135

☐ 付き合ったことあるよね？	⇒ 만난 적 있지 ?	60-1
☐ 考えたことは一度もない？	⇒ 생각한 적은 한 번도 없어 ?	60-2
☐ 付き合ったことはあるよ。	⇒ 사귄 적은 있어 .	60-3
☐ 聞いたことがあるような気がする。	⇒ 들은 적이 있는 것 같아 .	60-4
☐ 会ったことありますよね？	⇒ 본 적 있죠 ?	60-5
☐ 会ったことないんですけど。	⇒ 본 적 없는데요 .	60-6

□	学んだことがありますか？	⇒ 배운 적이 있어요？	60-7
□	ミスしたことがあります。	⇒ 실수한 적이 있어요.	60-8

【61】 🔊 136

□	行ってみたことがありますか？	⇒ 가 본 적이 있어요？	61-1
□	自撮りをしてみたことがありません。	⇒ 셀카를 찍어 본 적이 없어요.	61-2
□	訪問してみたことはありませんか？	⇒ 방문해 본 적은 없어요？	61-3
□	心を痛めたこと、ありますか？	⇒ 맘 아파 본 적 있어요？	61-4
□	道で泣いたことがありました。	⇒ 길에서 울어 본 적이 있었어요.	61-5
□	洗濯をやってみたことはありますか？	⇒ 빨래를 해 본 적은 있어요？	61-6
□	まともに寝たことがないです。	⇒ 제대로 잠을 자 본 적이 없어요.	61-7
□	飲んでみたことがあります。	⇒ 마셔 본 적이 있어요.	61-8

【62】 🔊 137

□	子供が生まれたようです。	⇒ 아이가 태어난 모양이에요.	62-1
□	風邪をひいたようです。	⇒ 감기에 걸린 모양이에요.	62-2
□	そのようです。	⇒ 그런 모양이에요.	62-3
□	お待ちになっているようです。	⇒ 기다리시는 모양이에요.	62-4
□	上手く解決できたようです。	⇒ 잘 해결된 모양입니다.	62-5

☐	付き合って(直訳:会って)いるようです。	⇒ 만나는 모양입니다 .	62-6
☐	調子がお悪いようです。	⇒ 편찮으신 모양입니다 .	62-7
☐	子供を産んだようです。	⇒ 아이를 낳은 모양입니다 .	62-8

【63】 🔊 138

☐	偉そうにする。	⇒ 잘난 척해 .	63-1
☐	何でも知っているふりをして嫌だ。	⇒ 뭐든지 아는 척해서 싫어 .	63-2
☐	親しいふりをしている友達がいる。	⇒ 친한 척하는 친구가 있어 .	63-3
☐	気乗りしないふりしたけど	⇒ 내키지 않는 척했지만	63-4
☐	風邪をひいたふりをして下さい。	⇒ 감기에 걸린 척하세요 .	63-5
☐	具合が悪いふりをして下さい。	⇒ 아픈 척하세요 .	63-6
☐	知らないふりをして下さい。	⇒ 모르는 척하세요 .	63-7
☐	可愛いふりをします。	⇒ 예쁜 척을 해요 .	63-8

【64】 🔊 139

☐	物価が高いほうでしょうか？	⇒ 물가가 비싼 편인가요 ?	64-1
☐	少し安いほうです。	⇒ 조금 싼 편이에요 .	64-2
☐	背が高いほうですか？	⇒ 키가 큰 편이에요 ?	64-3
☐	とても小さいほうです。	⇒ 아주 작은 편이에요 .	64-4

□ 利子がまだ高いほうです。	⇒ 이자가 아직 높은 편이에요.	64-5
□ 低いほうです。	⇒ 낮은 편이에요.	64-6
□ ハンサムなほうです。	⇒ 잘생긴 편이에요.	64-7
□ 上手なほうです。	⇒ 잘하는 편이에요.	64-8

【65】 🔊 140

□ ハンサムなうえに	⇒ 잘생긴 데다가	65-1
□ お金持ちなうえ	⇒ 돈도 많은 데다가	65-2
□ 量も多いうえに	⇒ 양도 많은 데다가	65-3
□ 勉強もよくできるうえに	⇒ 공부도 잘하는 데다가	65-4
□ 家もないうえに	⇒ 집도 없는 데다가	65-5
□ 性格もよいうえに	⇒ 성격도 좋은 데다가	65-6
□ 可愛いうえに	⇒ 예쁜 데다가	65-7
□ 誕生日であるうえに	⇒ 생일인 데다가	65-8

【66】 🔊 141

□ 食べた瞬間	⇒ 먹는 순간	66-1
□ 愛した瞬間	⇒ 사랑한 순간	66-2
□ 家を出た瞬間	⇒ 집을 나서는 순간	66-3
□ 風が吹いた瞬間	⇒ 바람이 부는 순간	66-4
□ 彼女をはじめて見た瞬間	⇒ 그녀를 처음 본 순간	66-5

☐ 歌が終わった瞬間	⇒ 노래가 끝나는 순간	66-6
☐ 私と目が合った瞬間	⇒ 나와 눈이 마주친 순간	66-7
☐ 人生は一瞬(直訳:瞬間)です。	⇒ 인생은 순간입니다.	66-8

【67】 🔊 142

☐ 帽子をかぶっていますか?	⇒ 모자를 쓰고 있어요?	67-1
☐ 乗っています。	⇒ 타고 있어요.	67-2
☐ 傘をさしていますか?	⇒ 우산을 쓰고 있어요?	67-3
☐ 向かっています(直訳:行っています)。	⇒ 가고 있어요.	67-4
☐ 指輪をはめています。	⇒ 반지를 끼고 있어요.	67-5
☐ 名前が書いてあった。	⇒ 이름이 쓰여 있었다.	67-6
☐ 椅子にお座りになっています。	⇒ 의자에 앉아 계세요.	67-7
☐ プサン(釜山)に行っています。	⇒ 부산에 가 있어요.	67-8

【68】 🔊 143

☐ 緑茶ではなく水1杯下さい。	⇒ 녹차 말고 물 한 잔 주세요.	68-1
☐ ムグンファ号ではなく、セマウル号に乗って下さい。	⇒ 무궁화호 말고 새마을호 타세요.	68-2
☐ 鉛筆ではなくボールペンで書いて下さい。	⇒ 연필 말고 볼펜으로 쓰십시오.	68-3
☐ 私の話はそんな意味ではなく。	⇒ 내 말은 그런 뜻이 아니라 (아니고).	68-4

☐	韓国人ではなく日本人です。	⇒ 한국 사람이 아니라(아니고) 일본 사람이에요.	68-5
☐	紅茶ではなく伝統漢方茶です。	⇒ 홍차가 아니라(아니고) 전통 한방차예요.	68-6
☐	サッカーは守備ではなく攻撃だと思います。	⇒ 축구는 수비가 아니고(아니라) 공격이라고 생각해요.	68-7
☐	1番出口ではなく11番出口です。	⇒ 1번 출구가 아니고(아니라) 11번 출구입니다.	68-8

【69】 🔊 144

☐	雨が降っているから家の中で遊びなさい。	⇒ 비가 오니까 집 안에서 놀아라.	69-1
☐	雪が降っているから家の中で遊ぼう。	⇒ 눈이 오니까 집 안에서 놀자	69-2
☐	外だから、また電話するね。	⇒ 밖이니까 다시 전화할게.	69-3
☐	お会いできて嬉しいです。	⇒ 만나서 반갑습니다.	69-4
☐	遅れてすみません。	⇒ 늦어서 미안합니다.	69-5
☐	翻訳して送りました。	⇒ 번역해서 보냈습니다.	69-6
☐	休暇だから家で休みました。	⇒ 휴가여서 집에서 쉬었습니다.	69-7
☐	お正月だから、お正月の料理を作っています。	⇒ 설날이어서 설음식을 만들고 있습니다.	69-8

【70】 🔊 145

☐	宝くじばかり買わないで、就職することでも考えなさい。	⇒ 복권만 사지 말고 취직할 궁리나 해.	70-1

	日本語		韓国語	
☐	猫をかぶらずに、率直な姿を見せてほしいな。	⇒	내숭떨지 말고 솔직한 모습을 보여줬으면 좋겠어 .	70-2
☐	私のことは気にせずに、ゆっくり召し上がって下さい。	⇒	저 (는) 신경 쓰지 말고 천천히 드세요 .	70-3
☐	お菓子だけ召し上がらずに、ご飯も召し上がって下さい。	⇒	과자만 드시지 말고 밥도 드세요 .	70-4
☐	他の男のことを考えないで、私のことだけを考えて下さい。	⇒	다른 남자 생각하지 말고 제 생각만 하세요 .	70-5
☐	ご飯は食べずに、お菓子ばかり食べました。	⇒	밥은 먹지 않고 과자만 먹었어요 .	70-6
☐	努力はせずに、いい結果を望んでいるのですか？	⇒	노력은 하지 않고 좋은 결과를 바라는 거예요 ?	70-7
☐	誰にも会わないで、家にいました。	⇒	아무도 만나지 않고 집에 있었습니다 .	70-8

【71】 🔊 146

☐	クァンジュ（光州）に到着した。	⇒	광주에 도착했다 .	71-1
☐	1時間で全部終わらせろ。	⇒	한 시간 안에 다 끝내라 .	71-2
☐	ホンデ（弘大）にたくさんあります。	⇒	홍대에 많이 있어요 .	71-3
☐	1杯で酔ってしまいました。	⇒	한 잔에 취해 버렸어요 .	71-4
☐	家に到着します。	⇒	집에 도착합니다 .	71-5
☐	ハワイへ旅立ちました。	⇒	하와이로 떠났습니다 .	71-6
☐	風邪で苦しんでいるよ。	⇒	감기로 고생하고 있어 .	71-7

	遠まわりして(直訳:遠い道でまわって)行かなければなりません。	⇒ 먼 길로 돌아서 가야 해요.	71-8

【72】 ◀)) 147

	忘れられますか?	⇒ 잊혀져요?	72-1
☐	噛まれました。	⇒ 물렸어요.	72-2
☐	閉められていました。	⇒ 닫혀 있었어요.	72-3
☐	幻聴が聞こえますか?	⇒ 환청이 들려요?	72-4
☐	そのメガネはよく見えますか?	⇒ 그 안경은 잘 보여요?	72-5
☐	売れた本は何ですか?	⇒ 팔린 책이 뭐예요?	72-6
☐	記事が載せられました。	⇒ 기사가 실렸어요.	72-7
☐	ストレスが溜まると	⇒ 스트레스가 쌓이면	72-8

【73】 ◀)) 148

	翻訳されました。	⇒ 번역되었어요.	73-1
☐	侮辱されました。	⇒ 모욕당했어요.	73-2
☐	作られましたか?	⇒ 만들어졌어요?	73-3
☐	非難されていますか?	⇒ 비난받아요?	73-4
☐	再開発されています。	⇒ 재개발되고 있어요.	73-5
☐	当選したそうです。	⇒ 당첨되었대요.	73-6
☐	褒められました。	⇒ 칭찬받았어요.	73-7
☐	裏切られました。	⇒ 배신당했어요.	73-8

【74】 🔊 149

☐ 笑わせるな！	⇒ 웃기지 마!	74-1
☐ どうして泣かせるの？	⇒ 왜 울리니？	74-2
☐ 部屋を空けて下さい。	⇒ 방을 비워 주세요.	74-3
☐ 火でしっかり焼いて召し上がって下さい。	⇒ 불에 잘 익혀서 드세요.	74-4
☐ 靴を履かせてくれました。	⇒ 신발을 신겨 줬어요.	74-5
☐ お金を預けました。	⇒ 돈을 맡겼어요.	74-6
☐ 酒(と)タバコを減らして下さい。	⇒ 술담배를 줄이십시오.	74-7
☐ 他の人の日程に合わせます。	⇒ 다른 사람 일정에 맞추겠습니다.	74-8

【75】 🔊 150

☐ 血の涙を流させてやる。	⇒ 피눈물을 흘리게 해 줄 거야.	75-1
☐ びっくりさせるつもりです。	⇒ 깜짝 놀라게 만들 거예요.	75-2
☐ 行かせて下さい。	⇒ 가게 해 주세요.	75-3
☐ そばにいさせて下さい。	⇒ 곁에 있게 해 주세요.	75-4
☐ スカートを履かせたそうです。	⇒ 치마를 입게 했대요.	75-5
☐ お酒を飲ませました。	⇒ 술을 마시게 했어요.	75-6
☐ 血液の巡りをよくしてくれます。	⇒ 혈액순환을 좋게 해 줍니다.	75-7
☐ 気持ちにさせられます。	⇒ 생각이 들게 합니다.	75-8

韓国語引き 単語帳

ㄱ	
□ 가게	店
□ 가꾸다	手入れをする
□ 가끔씩	たまに
□ 가난하다	貧乏だ
□ 가다듬다	落ちつける
□ 가발	かつら
□ 가방	鞄
□ 가장	最も、一番
□ 가족	家族
□ 가지다	持つ
□ 가짜	偽物
□ 감기	風邪
□ 감봉처분	減俸処分
□ 감사하다	感謝する
□ 갑자기	突然
□ 값	値、価値
□ 강남	カンナム（江南）
□ 강아지	子犬
□ 강하다	強い
□ 갖다	持つ（有する）
□ 갚다	返す（借りたお金などを）
□ 개봉박두	開封迫頭（直訳）
□ 거기	そこ
□ 거짓말	嘘
□ 걱정하다	心配する
□ 걷다	歩く
□ 결과	結果
□ 결국	結局
□ 결석하다	欠席する
□ 결승	決勝
□ 결정하다	決定する
□ 결혼	結婚
□ 결혼 기념일	結婚記念日
□ 결혼하다	結婚する
□ 경기	競技
□ 경제신문	経済新聞
□ 경치	景色
□ 곁	そば、横（人の）
□ 계속	ずっと（直訳：継続）
□ 계시다	いらっしゃる
□ 계획	計画
□ 계획하다	計画する

□ 고급스럽다	高級だ
□ 고등학교	高校（直訳：高等学校）
□ 고민하다	悩む
□ 고백	告白
□ 고생	苦労
□ 고생하다	苦労する
□ 고장나다	故障する、壊れる
□ 공격	攻撃
□ 공격하다	攻撃する
□ 공부하다	勉強する
□ 공사	工事
□ 과자	菓子
□ 관계	関係
□ 관두다	やめる
□ 광주	クァンジュ（光州）
□ 괴롭히다	苦しめる
□ 굉장히	すごく
□ 교실	教室
□ 교제하다	交際する
□ 교통	交通
□ 교통사고	交通事故
□ 교통사고가 나다	交通事故が起こる
□ 구멍	穴
□ 구세대	旧世代
□ 굴욕	屈辱
□ 굶다	飢える
□ 굽	かかと、ヒール
□ 궁금하다	気になる、心配だ
□ 궁리하다	深く考える、案ずる
□ 귀엽다	かわいい
□ 규동	牛丼
□ 그	その
□ 그냥	ただ、なんとなく、理由なく
□ 그녀	彼女
□ 그대	君
□ 그러니까	だから
□ 그렇다	そうだ、そのとおりだ
□ 그리고	それから
□ 그만 하다	もうやめる
□ 그이	彼氏、彼
□ 근육	筋肉
□ 글쎄	①さあ、そうね②自分の気持ちを強調したり確認する時に使う言葉

□ 글씨	文字	□ 남동생	弟
□ 급하다	急だ	□ 남자	男性、男
□ 기(가) 막히다	あきれる、非常にすばらしい	□ 남자친구	彼氏
□ 기(가) 죽다	弱気になる、がっくりする	□ 남친	彼氏
□ 기(를) 꺾다	気をくじく	□ 남편	夫
□ 기(를) 쓰다	ありったけの力を込める、必死になる	□ 낫다	治る
□ 기다리다	待つ	□ 낮다	低い
□ 기대하다	期待する	□ 낮잠	昼寝
□ 기르다	伸ばす（髪などを）	□ 낳다	産む
□ 기분	気分	□ 내다	出す
□ 기뻐하다	喜ぶ	□ 내리다	降りる
□ 기사	記事	□ 내색하다	顔に出す
□ 기억	記憶	□ 내숭떨다	猫をかぶる
□ 기집애	女の子を低く言う言葉	□ 내일	明日
□ 기필코	必ず	□ 내키다	気が向く、気乗りする
□ 기회	機会、チャンス	□ 냉장고	冷蔵庫
□ 긴말	長話	□ 넘다	超える、あふれる
□ 길	道	□ 넘어지다	転ぶ
□ 길가	道端	□ 넣다	入れる
□ 길다	長い	□ 네	君の
□ 까맣다	黒い	□ 노래를 부르다	歌を歌う
□ 깎다	刈る、剃る（髪の毛などを）	□ 노래방	カラオケ
□ 깨	ごま	□ 노력	努力
□ 깨닫다	悟る	□ 노력하다	努力する
□ 꼭	必ず	□ 놀러가다	遊びに行く
□ 꼴	情けない、惨めな恰好	□ 놓다	置く
□ 꽃	花	□ 누가	誰が
□ 꽤	なかなか、だいぶ、かなり	□ 누구	誰
□ 꾸물거리다	ぐずぐずする、ぐずつく	□ 눈물	涙
□ 꿈	夢	□ 눈(이) 부시다	目がまぶしい
□ 끝나다	終わる	□ 늘다	伸びる
□ 끝내다	終える	□ 늘어나다	増える
ㄴ		□ 늙다	老ける、年を取る
□ 나	私	□ 늦잠	朝寝坊
□ 나라	国	ㄷ	
□ 나쁘다	悪い	□ 다	みんな、全部
□ 나중에	あとで、いつか	□ 다니다	通う
□ 나타나다	現れる	□ 다른	他の
□ 나흘	四日（よっか）	□ 다시	もう一度、再び
□ 남	他人	□ 다이아몬드	ダイヤモンド
□ 남다	残る	□ 단골	常連
		□ 단골손님	常連のお客様
		□ 단골집	行きつけの店

韓国語引き 単語帳

□ 단풍	もみじ	□ 떨어지다	落ちる、離れる
□ 달콤하다	甘い	□ 또	また
□ 닷새	五日(いつか)	□ 뛰어가다	走って行く
□ 당고개	タンゴゲ(地名)		ㄹ
□ 당당하다	堂々としている	□ 라면	ラーメン
□ 당신	あなた	□ 라이브	ライブ
□ 당장	すぐ	□ 라이브 하우스	ライブハウス
□ 당첨되다	当選する	□ 리더	リーダー
□ 당황하다	慌てる		ㅁ
□ 대신	代わりに	□ 마르다	やせる
□ 대학생	大学生	□ 마시다	飲む
□ 대회	大会	□ 마주치다	合う
□ 더	もっと	□ 마중	迎え
□ 덥다	暑い	□ 마지막	最後の
□ 도둑	泥棒	□ 만	～だけ、のみ、ばかり
□ 도둑질	盗み	□ 만지다	触る
□ 도망치다	逃げる	□ 만화	漫画
□ 도와주다	手伝う、助けてあげる	□ 많이	たくさん
□ 도움이 되다	助けになる	□ 말	話、言葉
□ 도착하다	到着する	□ 말씀	お言葉
□ 돈	お金	□ 말씀하시다	おっしゃる
□ 돈(을) 갚다	お金を返す	□ 맛있다	おいしい
□ 돈을 벌다	お金を稼ぐ	□ 망가지다	壊れる
□ 돌려주다	返す	□ 망설이다	ためらう、迷う
□ 돌리다	回す、回転させる	□ 맞다	合う
□ 돌아가다	帰る、戻る	□ 맞추다	合わせる
□ 돕다	手伝う、助ける	□ 맡기다	預ける
□ 동창	同級生	□ 맡다	預かる
□ 되돌리다	引き返す	□ 매일	毎日
□ 드시다	召し上がる	□ 맨날	毎日、いつも
□ 듣다	聞く	□ 머리	髪、頭
□ ~ 들	～たち	□ 먹다	食べる
□ 들리다	聞こえる	□ 먼저	先に、まず
□ 들어주다	聞いてくれる	□ 멀다	遠い
□ 딴	他の	□ 멀어지다	遠くなる
□ 딸	娘	□ 메세지	メッセージ
□ 땅	土地	□ 며칠	何日、数日
□ 때	時	□ 명단	名簿
□ 때리다	叩く	□ 명품	ブランド品
□ ~ 때문에	～のせいで、のために	□ 모두	みんな、全て
□ 떠나다	去る	□ 모든	全ての
□ 떠들다	騒ぐ	□ 모르다	知らない、わからない
□ 떡	餅	□ 모습	姿

□ 모시다	お世話する	□ 받다	もらう、受け取る
□ 모욕	侮辱	□ 받아들이다	受け入れる
□ 모자	帽子	□ 발음하다	発音する
□ 모자를 쓰다	帽子をかぶる	□ 발표하다	発表する
□ 목구멍	喉	□ 밝다	明るい、はればれしい
□ 목이 쉬다	声がかれる	□ 밤(을) 새다	夜を明かす
□ 몫	取り分、持ち分	□ 밤을 새우다	徹夜する
□ 몰래	内緒で	□ 밥	ごはん
□ 몸	体	□ 방	部屋
□ 못나다	醜い(顔などが)、愚かだ、足りない	□ 방(을) 구하다	部屋を探す
□ 무궁화	ムクゲ	□ 방금	ただいま
□ 무섭다	怖い、恐ろしい	□ 배신당하다	裏切られる
□ 무슨	何か	□ 배신하다	裏切る
□ 문	ドア	□ 배우다	学ぶ
□ 문자	文字、携帯のメール	□ 백혈병	白血病
□ 문화	文化	□ 백화점	デパート
□ 묻다	埋める	□ 버리다	捨てる
□ 물	水	□ 번역하다	翻訳する
□ 물가	物価	□ 벌써	すでに、もう
□ 물건	物	□ 베끼다	書き写す
□ 물러서다	下がる、後退する	□ 변론	弁論
□ 물리다	噛まれる	□ 별	別
□ 뭐	何	□ 별로	別に、そんなに、あまり
□ 뭐든	何でも	□ 병	病
□ 뭐든지	何でも	□ 병원	病院
□ 미국	アメリカ	□ 보이다	見える
□ 미래	未来	□ 복권	宝くじ
□ 미치다	夢中になる、おかしくなる	□ 복수하다	復讐する
□ 믿다	信じる	□ 복용하다	服用する
□ 밀가루	小麦粉	□ 복잡하다	複雑だ、ややこしい
ㅂ		□ 볼펜	ボールペン
□ 바가지(를) 쓰다	ぼられる	□ 부딪히다	ぶつかる
□ 바라다	願う、望む	□ 부르다	呼ぶ
□ 바람	風	□ 부모님	ご両親
□ 바람을 피우다	浮気をする	□ 부산	プサン(釜山)
□ 바로	すぐ	□ 부자	金持ち
□ 박수를 치다	拍手する	□ 부임하다	赴任する
□ 밖	外	□ 분명히	確かに、はっきりと
□ ~ 밖에	~しか	□ 불	火
□ 반갑다	嬉しい	□ 불쌍하다	かわいそうだ
□ 반드시	必ず	□ 붙다	付く
□ 반지를 끼다	指輪をはめる	□ 비다	空く
		□ 비명	悲鳴

韓国語引き 単語帳

□ 비밀	秘密		□ 생각해 내다	考え出す、思い出す
□ 비싸다	高い(値段が)		□ 생일	誕生日
□ 비우다	空ける		□ 서류	書類
□ 비행기	飛行機		□ 서비스	サービス
□ 빚	借金		□ 선배	先輩
□ 빚을 갚다	借金を返す		□ 설거지	皿洗い
□ 빨갛다	赤い		□ 설날	お正月
□ 빨래	洗濯、洗濯物		□ 설악산	ソラク(雪嶽)山
□ 빨리	早く		□ 설음식	お正月の料理
□ 빵	パン		□ 성격	性格
□ 뺨	頬		□ 성공	成功
□ 뺨을 때리다	ビンタをする		□ 성공하다	成功する
□ 뿌옇다	霞む		□ 성형수술	整形手術
□ 뿐	だけ		□ 세다	数える
	ㅅ		□ 세상	世の中、世間
□ 사고가 나다	事故が起こる		□ 세일	セール
□ 사고를 내다	事故を起こす		□ 세탁	洗濯
□ 사과	謝罪		□ 셀카	自撮り
□ 사귀다	付き合う		□ 소리	声
□ 사기당하다	詐欺に遭う		□ 소문	噂
□ 사다	買う		□ 소설	小説
□ 사람	人		□ 소주	焼酎
□ 사랑	愛		□ 속다	だまされる
□ 사랑하다	愛する		□ 속이 쓰리다	おなかがちくちく痛む
□ 사모님	奥様		□ 손	手
□ 사용하다	使用する		□ 손님	お客様
□ 사이	間、間柄		□ 손자	孫(男の子)
□ 사정	事情		□ 솔직하다	率直だ、素直だ
□ 사진	写真		□ 수다를 떨다	おしゃべりをする
□ 사회	社会		□ 수비	守備
□ 사흘	三日(みっか)		□ 수술	手術
□ 산후조리원	産後調理院		□ 수업에 빠지다	授業をぬける、授業をさぼる
□ 살다	生きる、暮らす		□ 수척하다	やつれる
□ 살빠지다	やせる、(肉が)おちる		□ 숙제	宿題
□ 살찌다	太る		□ 순간	瞬間
□ 삼촌	おじ(父の兄弟)		□ 숟가락	スプーン
□ 상품	商品		□ 술	酒
□ 상하다	傷む		□ 술자리	酒席、飲み会
□ 새	新しい		□ 숨기다	隠す
□ 생각에 잠기다	考え込む		□ 쉬다	休む
□ 생각이 들다	気がする		□ 스무살	二十歳
□ 생각이 떠오르다	思い浮かぶ、思いつく		□ 스스로	自ら
□ 생각하다	考える、思う			

□ 스타	スター
□ 스트레스	ストレス
□ 스트레스가 쌓이다	ストレスがたまる
□ 슬프다	悲しい
□ 시간	時間
□ 시끄럽다	うるさい、騒々しい
□ 시댁	婚家
□ 시부모	夫の父母
□ 시원하다	涼しい
□ 시작하다	始める
□ 시합	試合
□ 시험을 보다	試験を受ける
□ 식다	冷める、冷える
□ 식당	食堂
□ 식후	食後
□ 신경(을) 쓰다	気にする、気を使う
□ 신기다	履かせる
□ 신다	履く
□ 신뢰하다	信頼する
□ 신문	新聞
□ 신발	履物、靴
□ 신세대	新世代
□ 신용카드	クレジットカード
□ 신혼	新婚
□ 실력이 늘다	実力が伸びる
□ 실리다	載せられる
□ 실물	実物
□ 실수하다	ミスする、失敗する
□ 실적	実績
□ 실천하다	実践する
□ 실패	失敗
□ 싫어지다	嫌いになる
□ 심장	心臓
□ 심호흡	深呼吸
□ 싱가포르	シンガポール
□ 싸우다	喧嘩する
□ 쌍꺼풀	二重まぶた
□ 쌓이다	溜まる、積まれる
□ 쏟다	こぼす
□ 쏟아지다	こぼれて落ちる
□ 쓰다	苦い
□ 씻다	洗う

ㅇ	
□ 아까	さっき
□ 아끼다	節約する
□ 아내	妻
□ 아는 사람	知り合い
□ 아들	息子
□ 아름답다	美しい
□ 아마	たぶん
□ 아무	何の、何かの（否定文の中で使われるとき）
□ 아무것도	何も、一つも
□ 아무도	誰も、誰一人も
□ 아무래도	どうしても、どうにも、どちらにしても
□ 아버지	お父さん
□ 아빠	パパ
□ 아이	子供
□ 아이를 낳다	子供を産む
□ 아이크림	アイクリーム
□ 아저씨	おじさん
□ 아줌마	おばさん
□ 아직	まだ
□ 아침	朝
□ 아프다	痛い
□ 악성	悪性
□ 안개	霧
□ 안경	メガネ
□ 앉다	座る
□ 알다	知る
□ 알아보다	調べる
□ 앞	前
□ 앞으로	今後
□ 애	子
□ 애교부리다	愛嬌を振りまく
□ 애기	赤ちゃん
□ 약속	約束
□ 약하다	弱い
□ 양	量
□ 어디	どこ
□ 어떤	どんな
□ 어떻다	どうだ、どんなふうだ
□ 어렵다	難しい
□ 어리다	幼い
□ 어머	あら、まあ

韓国語引き 単語帳

□ 어이(가) 없다	あきれる、あっけない	□ 오사카성	大阪城
□ 어제	昨日	□ 오직	ただ、ひたすらに
□ 어지럽다	目まいがする、散らかっている	□ 오해	誤解
□ 어쩌면	どうすれば	□ 오해를 사다	誤解される
□ 억울하다	悔しい	□ 오후	午後
□ 언급하다	言及する	□ 요점	要点
□ 얼굴	顔	□ 온 몸이 쑤시다	全身が痛む
□ 얼마나	どのぐらい、どんなに	□ 온천	温泉
□ 엄마	お母さん、ママ	□ 올해	今年
□ 엄청	かなり、とても	□ 옷	服
□ 없다	ない、いない	□ 와이프	妻(英語のwife)
□ ~ 에 대해(서)	～に対して	□ 왜	なぜ
□ 에어컨	エアコン	□ 왠지	なぜか
□ 엘리베이터	エレベーター	□ 외롭다	孤独だ、寂しい
□ 여동생	妹	□ 요리	料理
□ 여드름	にきび	□ 용돈	小遣い
□ 여자	女	□ 용서하다	許す、容赦する
□ 여자친구	彼女(恋人のこと)	□ 우리	私たち
□ 여행	旅行	□ 우승하다	優勝する
□ 연구실	研究室	□ 우연히	偶然に
□ 연락하다	連絡する	□ 우편	郵便
□ 연습하다	練習する	□ 운전하다	運転する
□ 연필	鉛筆	□ 울다	泣く
□ 열쇠	鍵	□ 울리다	泣かせる
□ 열심히	一生懸命に	□ 웃기다	笑わせる
□ 열차	列車	□ 웃다	笑う
□ 영어	英語	□ 월드컵	ワールドカップ
□ 영업	営業	□ 웬일	どういうこと、どうしたこと、何ごと
□ 영원히	永遠に	□ 위하다	～のためにする
□ 옆	そば、横(物や人の)	□ 유학	留学
□ 예금	預金	□ 은행	銀行
□ 예쁘다	きれいだ	□ 응원하다	応援する
□ 예전	以前	□ 이	この
□ 예정	予定	□ 이따가	少しあとで
□ 옛날	昔	□ 이렇게	こんなに、このように
□ 오늘	今日	□ 이루다	叶える
□ 오래간만	久しぶり	□ 이름	名前
□ 오래되다	時間が経つ	□ 이름을 짓다	名前をつける
□ 오래오래	末永く	□ 이미	すでに、もはや
□ 오른쪽	右、右側	□ 이번	今回
□ 오사카	大阪	□ 이빨	歯
□ 오사카사투리	大阪弁	□ 이상	以上

□ 이외에	以外に	□ 자신	自信
□ 이유	理由	□ 자신	自身、自分
□ 이자	利子	□ 자주	しょっちゅう、しばしば
□ 이전	以前	□ 작년	去年
□ 이틀	二日(ふつか)	□ 작다	小さい
□ 이혼	離婚	□ 잔소리	小言
□ 이후	以降	□ 잘못 듣다	聞き間違える
□ 익다	煮える	□ 잘못 생각하다	間違って考える
□ 익히다	火を通す、煮る	□ 잘 살다	豊かな暮らしをする、元気に暮らす
□ 인간	人間		
□ 인간답다	人間らしい	□ 잘생기다	ハンサムだ
□ 인기가 많다	人気が高い	□ 잘나다	優れている
□ 인생	人生	□ 잘난 척하다	うぬぼれる、偉そうにする
□ 인정하다	認める	□ 잠꼬대	寝言
□ 일	こと、用事	□ 잠실	チャムシル
□ 일본	日本	□ 장난감	おもちゃ
□ 일본말	日本語	□ 장마	梅雨
□ 일어나다	起きる	□ 장마철	梅雨の時期
□ 일을 끝내다	仕事を終える	□ 재개발되다	再開発される
□ 일이 끝나다	仕事が終わる	□ 재개발하다	再開発する
□ 일정	日程	□ 재미있다	面白い、楽しい
□ 일찍	早く	□ 저	私、わたくし
□ 읽다	読む	□ 저녁	夕方
□ 잃다	なくす	□ 저지르다	犯す
□ 잃어 버리다	なくしてしまう(物などを)	□ 적다	少ない
□ 입	口	□ 전	前(時間に関する)
□ 입구	入口	□ 전동차	電車(直訳:電動車)
□ 입다	着る	□ 전통한방차	伝統漢方茶
□ 입술	唇	□ 전혀	全く
□ 입원하다	入院する	□ 전화	電話
□ 잊다	忘れる	□ 전화하다	電話する
□ 잊어 버리다	忘れてしまう	□ 절대로	絶対に
□ 잊히다	忘れられる	□ 젊다	若い
ㅈ		□ 젊어 보이다	若く見える
□ 자국	跡	□ 점심	昼食
□ 자금	資金	□ 젓가락	箸
□ 자기	自分、自分の、ハニー	□ 정	情
□ 자꾸	よく、しょっちゅう	□ 정기예금	定期預金
□ 자다	寝る	□ 정말	本当に
□ 자라다	育つ	□ 정신없이	無我夢中で
□ 자리	場、席	□ 정하다	決める、定める
□ 자세히	詳しく	□ 제	自分
□ 자식	子供(直訳:子息)	□ 제군	諸君

韓国語引き 単語帳

□ 제대로	まともに
□ 제발	お願いだから、どうか、頼むから
□ 제일	一番(直訳:第一)
□ 제출하다	提出する
□ 조금	少し
□ 조르다	ねだる
□ 조심하다	気をつける
□ 조용하다	静かだ
□ 조카	甥、姪
□ 존재하다	存在する
□ 좋다	いい
□ 좋아지다	好きになる
□ 죄	罪
□ 주말	週末
□ 주무시다	お休みになる
□ 주인공	主人公
□ 주저하다	躊躇する、ためらう
□ 주차하다	駐車する
□ 죽다	死ぬ
□ 줄다	減る
□ 줄이다	減らす
□ 중국	中国
□ 즐겁다	楽しい、愉快だ
□ 지각하다	遅刻する
□ 지갑	財布
□ 지금	今
□ 지금쯤	今ごろ
□ 지역	地域
□ 지인	知人
□ 지키다	守る
□ 지하철	地下鉄
□ 직업	職業
□ 직원	職員
□ 진리	真理
□ 진심	本心
□ 진입하다	進入する
□ 진짜	本当に
□ 질	質
□ 집	家
□ 집들이	引っ越しのお祝い
□ 집을 나서다	家を出る
□ 짓다	建てる、炊く

□ 짜다	組む、立てる(計画などを)
□ 짜증나다	イライラする
□ 짤리다	切られる、解雇される
□ 짧다	短い
□ 쯤	頃
□ 찍다	写す
ㅊ	
□ 차라리	むしろ
□ 차이다	振られる(恋愛などで)
□ 착각	錯覚
□ 착각하다	錯覚する
□ 착하다	善良だ、お利口だ、心根が優しい
□ 참다	耐える、我慢する
□ 창	窓
□ 창백하다	青白い、青い、蒼白だ
□ 챙기다	取りそろえる、支度する
□ 처음	最初、初めて
□ 처자식	妻子
□ 척하다	～するふりをする
□ 첫눈에 반하다	一目惚れする
□ 첫사랑	初恋
□ 첫인상	第一印象
□ 청소	掃除
□ 체크하다	チェックする
□ 체하다	もたれる
□ 축복	祝福
□ 출구	出口
□ 출근	出勤
□ 출발하다	出発する
□ 출생	出生
□ 충분히	十分に
□ 취급받다	扱われる
□ 취하다	酔う
□ 치마	スカート
□ 친구	友達
□ 친절하다	優しい、親切だ
□ 친하다	親しい
□ 칭찬받다	ほめられる
□ 칭찬을 듣다	ほめられる
ㅋ	
□ 카페	カフェ
□ 커피	コーヒー

□콘서트	コンサート		□하얗다	白い
□크다	大きい		□학생	学生
□클럽	クラブ		□한 걸음	一歩

ㅌ	

□태권도	テコンドー		□한 번	一度
□태어나다	生まれる		□한국어	韓国語
□태우다	燃やす		□한꺼번에	いっぺんに
□택시비	タクシー代		□한복	韓服
□터지다	割れる、裂ける		□한참	しばらく、ずいぶん
□텔레비전	テレビ(直訳:テレビジョン)		□할머니	おばあちゃん
□통	全く、全然		□함부로	むやみに、やたらに
□통통하다	ぽっちゃりしている、丸々している		□합격자	合格者
□퇴근	退勤		□합격하다	合格する
□튀어나오다	飛び出る		□항상	いつも
□티켓	チケット		□항의	抗議
□팀장	チーム長		□해결되다	解決される

ㅍ	

□파랗다	青い		□해내다	やり抜く、成し遂げる
□팔다	売る		□해산물	海産物
□팔리다	売れる、売られる		□핸드폰	携帯電話
□팬	ファン		□행복하다	幸せだ
□팬미팅	ファンミーティング		□허락하다	許す(直訳:許諾する)
□편리하다	便利だ		□헌	古い
□편의점	コンビニ(直訳:便宜店)		□헤어지다	別れる
□편찮다	ご病気である		□혈액순환	血液循環
□편히	楽に		□혼나다	怒られる
□평생	一生		□혼자 (서)	一人(で)
□포기하다	諦める		□홈쇼핑	ホームショッピング
□포장하다	包装する		□홍대	ホンデ(弘大)
□표	チケット、券		□홍차	紅茶
□표준어	標準語		□화내다	怒る
□푹	ゆっくり、ぐっすり		□환청	幻聴
□프러포즈	プロポーズ		□환하게 웃다	にっこりと笑う
□피곤하다	疲れている		□환하다	明るい、見通しがいい
□피눈물을 흘리다	血の涙を流す		□회사	会社
□피다	咲く		□효녀	親孝行な娘
□피부	肌		□효자	親孝行な息子

ㅎ	

□하늘	空		□훨씬	ずっと
□하루	一日(いちにち)		□휴가	休暇
□하루종일	一日中		□휴대전화	携帯電話
			□흘리다	こぼす、流す
			□힘들다	つらい、大変だ

日本語引き 単語帳

あ	
□ 愛	사랑
□ 愛嬌を振りまく	애교부리다
□ アイクリーム	아이크림
□ 愛する	사랑하다
□ 間	사이
□ 間柄	사이
□ 合う①	맞다
□ 合う②	마주치다
□ 青い	파랗다
□ 青白い	창백하다
□ 赤い	빨갛다
□ 赤ちゃん	애기
□ 明るい①	밝다
□ 明るい②	환하다
□ 諦める	포기하다
□ あきれる①	기(가) 막히다
□ あきれる②、あっけない	어이(가) 없다
□ 空く	비다
□ 悪性	악성
□ 空ける	비우다
□ 朝	아침
□ 朝寝坊	늦잠
□ 明日	내일
□ 預かる	맡다
□ 預ける	맡기다
□ 遊びに行く	놀러가다
□ 頭	머리
□ 新しい	새
□ 暑い	덥다
□ 扱われる	취급받다
□ 跡	자국
□ あとで、いつか	나중에
□ 穴	구멍
□ あなた	당신
□ あふれる	넘다
□ 甘い	달콤하다
□ あまり	별로
□ アメリカ	미국
□ あら	어머
□ 洗う	씻다
□ 現れる	나타나다

□ ありったけの力を込める	기(를) 쓰다
□ 歩く	걷다
□ 合わせる	맞추다
□ 慌てる	당황하다
□ 案ずる	궁리하다

い	
□ いい	좋다
□ 家	집
□ 家を出る	집을 나서다
□ 以外に	이외에
□ 行きつけの店	단골집
□ 生きる、暮らす	살다
□ 以降	이후
□ 以上	이상
□ 以前①	예전
□ 以前②	이전
□ 痛い	아프다
□ 傷む	상하다
□ 一度	한 번
□ 1日(いちにち)	하루
□ 1日中	하루종일
□ 一番①	가장
□ 一番②(直訳:第一)	제일
□ 五日(いつか)	닷새
□ 一生	평생
□ 一生懸命に	열심히
□ いっぺんに	한꺼번에
□ 一歩	한 걸음
□ いつも①	맨날
□ いつも②	항상
□ いない	없다
□ 今	지금
□ 今ごろ	지금쯤
□ 妹	여동생
□ イライラする	짜증나다
□ いらっしゃる	계시다
□ 入口	입구
□ 入れる	넣다

う	
□ 飢える	굶다
□ 受け入れる	받아들이다
□ 受け取る	받다

□ 嘘	거짓말	□ 置く	놓다
□ 歌を歌う	노래를 부르다	□ 奥様	사모님
□ 美しい	아름답다	□ お言葉	말씀
□ 写す	찍다	□ 怒られる	혼나다
□ うぬぼれる、偉そうにする	잘난 척하다	□ 怒る	화내다
□ 生まれる	태어나다	□ 幼い	어리다
□ 産む	낳다	□ おじ(父の兄弟)	삼촌
□ 埋める	묻다	□ おじさん	아저씨
□ 裏切られる	배신당하다	□ おしゃべりをする	수다를 떨다
□ 裏切る	배신하다	□ お正月	설날
□ 売られる	팔리다	□ お正月の料理	설음식
□ 売る	팔다	□ お世話する	모시다
□ うるさい	시끄럽다	□ 恐ろしい	무섭다
□ 嬉しい	반갑다	□ 落ちつける	가다듬다
□ 売れる	팔리다	□ 落ちる	떨어지다
□ 浮気をする	바람을 피우다	□ おっしゃる	말씀하시다
□ 噂	소문	□ 夫	남편
□ 運転する	운전하다	□ 夫の父母	시부모

え

□ エアコン	에어컨	□ 弟	남동생
□ 永遠に	영원히	□ 男	남자
□ 営業	영업	□ おなかがちくちく痛む	속이 쓰리다
□ 英語	영어	□ お願いだから	제발
□ 偉そうにする	잘난 척하다	□ おばあちゃん	할머니
□ エレベーター	엘리베이터	□ おばさん	아줌마
□ 鉛筆	연필	□ 思い浮かぶ	생각이 떠오르다

お

□ 甥、姪	조카	□ 思い出す	생각해 내다
□ おいしい	맛있다	□ 思いつく	생각이 떠오르다
□ 応援する	응원하다	□ 思う	생각하다
□ 終える	끝내다	□ 面白い	재미있다
□ 大きい	크다	□ おもちゃ	장난감
□ 大阪	오사카	□ 親孝行な息子	효자
□ 大阪城	오사카성	□ 親孝行な娘	효녀
□ 大阪弁	오사카 사투리	□ お休みになる	주무시다
□ お母さん	엄마	□ お利口だ	착하다
□ 犯す	저지르다	□ 降りる	내리다
□ お金	돈	□ 愚かだ	못나다
□ お金を返す	돈(을) 갚다	□ 終わる	끝나다
□ お金を稼ぐ	돈을 벌다	□ 温泉	온천
□ お客様	손님	□ 女	여자
□ 起きる	일어나다	□ 女の子(低く言う言葉)	기집애
		□ お父さん	아버지

243

日本語引き 単語帳

か

□ 解決される	해결되다
□ 解雇される	짤리다
□ 海産物	해산물
□ 会社	회사
□ 回転させる	돌리다
□ 開封迫頭（直訳）	개봉박두
□ 買う	사다
□ 返す	돌려주다
□ 返す（借りたお金などを）	갚다
□ 帰る	돌아가다
□ 顔	얼굴
□ 顔に出す	내색하다
□ かかと、ヒール	굽
□ 鍵	열쇠
□ 書き写す	베끼다
□ 隠す	숨기다
□ 学生	학생
□ 菓子	과자
□ 霞む	뿌옇다
□ 風邪	감기
□ 風	바람
□ 数える	세다
□ 家族	가족
□ 価値	값
□ がっくりする	기(가) 죽다
□ かつら	가발
□ 叶える	이루다
□ 悲しい	슬프다
□ 必ず①	기필코
□ 必ず②	꼭
□ 必ず③	반드시
□ かなり①	꽤
□ かなり②	엄청
□ 金持ち	부자
□ 彼女	그녀
□ 彼女（恋人のこと）	여자친구
□ 鞄	가방
□ カフェ	카페
□ 噛まれる	물리다
□ 我慢する	참다
□ 髪	머리

□ 通う	다니다
□ カラオケ	노래방
□ 体	몸
□ 刈る（髪の毛などを）	깎다
□ 彼氏①	남자친구
□ 彼氏②	남친
□ 彼氏③、彼	그이
□ かわいい	귀엽다
□ かわいそうだ	불쌍하다
□ 代わりに	대신
□ 考え込む	생각에 잠기다
□ 考え出す	생각해 내다
□ 考える	생각하다
□ 関係	관계
□ 韓国語	한국어
□ 感謝する	감사하다
□ カンナム（江南）	강남
□ 韓服	한복

き

□ 聞いてくれる	들어주다
□ 記憶	기억
□ 機会	기회
□ 気がする	생각이 들다
□ 気が向く	내키다
□ 聞き間違える	잘 못 듣다
□ 聞く	듣다
□ 聞こえる	들리다
□ 記事	기사
□ 期待する	기대하다
□ 切符	표
□ 気にする	신경(을) 쓰다
□ 気になる	궁금하다
□ 昨日	어제
□ 気乗りする	내키다
□ 気分	기분
□ 君	그대
□ 君の	네
□ 決める	정하다
□ 休暇	휴가
□ 旧世代	구세대
□ 急だ	급하다
□ 牛丼	규동

□今日	오늘	□血液循環	혈액순환
□競技	경기	□結果	결과
□教室	교실	□結局	결국
□許可を与える	허락하다	□結婚	결혼
□去年	작년	□結婚記念日	결혼 기념일
□嫌いになる	싫어지다	□結婚する	결혼하다
□霧	안개	□決勝	결승
□着る	입다	□欠席する	결석하다
□きれいだ	예쁘다	□決定する	결정하다
□気をくじく	기(를) 꺾다	□券	표
□気を使う	신경(을) 쓰다	□喧嘩する	싸우다
□気をつける	조심하다	□元気に暮らす	잘 살다
□銀行	은행	□研究室	연구실
□筋肉	근육	□言及する	언급하다
く		□幻聴	환청
□クァンジュ（光州）	광주	□減俸処分	감봉처분
□偶然に	우연히	**こ**	
□ぐずぐずする	꾸물거리다	□子犬	강아지
□ぐずつく	꾸물거리다	□合格者	합격자
□口	입	□合格する	합격하다
□唇	입술	□抗議	항의
□靴	신발	□高級だ	고급스럽다
□屈辱	굴욕	□攻撃	공격
□ぐっすり	푹	□攻撃する	공격하다
□国	나라	□高校	고등학교
□組む	짜다	□交際する	교제하다
□悔しい	억울하다	□工事	공사
□クラブ	클럽	□後退する	물러서다
□苦しめる	괴롭히다	□紅茶	홍차
□クレジットカード	신용카드	□交通	교통
□黒い	까맣다	□交通事故	교통사고
□苦労	고생	□交通事故が起こる	교통사고가 나다
□苦労する	고생하다	□声	소리
□詳しく	자세히	□声がかれる	목이 쉬다
け		□超える	넘다
□計画	계획	□コーヒー	커피
□計画する	계획하다	□誤解	오해
□経済新聞	경제신문	□誤解される	오해를 사다
□携帯電話①	핸드폰	□告白	고백
□携帯電話②	휴대전화	□午後	오후
□携帯のメール	문자	□小言	잔소리
□景色	경치	□心根が優しい	착하다

日本語引き 単語帳

□ 故障する	고장나다	□ 咲く	피다
□ 小遣い	용돈	□ 酒	술
□ こと	일	□ 裂ける	터지다
□ 孤独だ	외롭다	□ 定める	정하다
□ 今年	올해	□ 錯覚	착각
□ 言葉	말	□ 錯覚する	착각하다
□ 子供①	아이	□ さっき	아까
□ 子供②(直訳:子息)	자식	□ 悟る	깨닫다
□ 子供を産む	아이를 낳다	□ 冷める	식다
□ この	이	□ 皿洗い	설거지
□ このように	이렇게	□ 去る	떠나다
□ ご飯	밥	□ 騒ぐ	떠들다
□ ご病気である	편찮다	□ 触る	만지다
□ こぼす①	쏟다	□ 産後調理院	산후조리원
□ こぼす②	흘리다		

し

□ こぼれて落ちる	쏟아지다	□ 試合	시합
□ ごま	깨	□ 幸せだ	행복하다
□ 小麦粉	밀가루	□ ～しか	~ 밖에
□ ご両親	부모님	□ 時間	시간
□ 頃	쯤	□ 時間が経つ	오래되다
□ 転ぶ	넘어지다	□ 資金	자금
□ 怖い	무섭다	□ 試験を受ける	시험을 보다
□ 壊れる①	고장나다	□ 事故が起こる	사고가 나다
□ 壊れる②	망가지다	□ 仕事が終わる	일이 끝나다
□ 婚家	시댁	□ 仕事を終える	일을 끝내다
□ 今回	이번	□ 事故を起こす	사고를 내다
□ 今後	앞으로	□ 事情	사정
□ コンサート	콘서트	□ 自信	자신
□ こんなに	이렇게	□ 自身	자신
□ コンビニ(直訳:便宜店)	편의점	□ 静かだ	조용하다
		□ 支度する	챙기다

さ

□ さあ、そうね	글쎄	□ 親しい	친하다
□ サービス	서비스	□ 質	질
□ 再開発される	재개발되다	□ 実績	실적
□ 再開発する	재개발하다	□ 実践する	실천하다
□ 最後の	마지막	□ 失敗	실패
□ 妻子	처자식	□ 失敗する、ミスする	실수하다
□ 最初	처음	□ 実物	실물
□ 財布	지갑	□ 実力が伸びる	실력이 늘다
□ 下がる	물러서다	□ 自撮り	셀카
□ 先に、まず	먼저	□ 死ぬ	죽다
□ 詐欺に遭う	사기당하다	□ しばしば	자주

□ しばらく	한참	□ 知る	알다
□ 自分①	자기	□ 白い	하얗다
□ 自分②	자신	□ シンガポール	싱가포르
□ 自分③	제	□ 深呼吸	심호흡
□ 自分の	자기	□ 新婚	신혼
□ 社会	사회	□ 信じる	믿다
□ 謝罪	사과	□ 人生	인생
□ 写真	사진	□ 新世代	신세대
□ 借金	빚	□ 親切だ	친절하다
□ 借金を返す	빚을 갚다	□ 心臓	심장
□ 十分に	충분히	□ 進入する	진입하다
□ 週末	주말	□ 心配する	걱정하다
□ 授業をさぼる	수업에 빠지다	□ 心配だ	궁금하다
□ 授業をぬける	수업에 빠지다	□ 新聞	신문
□ 宿題	숙제	□ 信頼する	신뢰하다
□ 祝福	축복	□ 真理	진리
□ 手術	수술	**す**	
□ 主人公	주인공	□ ずいぶん	한참
□ 酒席	술자리	□ 数日	며칠
□ 出勤	출근	□ 末永く	오래오래
□ 出生	출생	□ スカート	치마
□ 出発する	출발하다	□ 姿	모습
□ 守備	수비	□ 好きになる	좋아지다
□ 瞬間	순간	□ すぐ①	당장
□ 情	정	□ すぐ②	바로
□ 使用する	사용하다	□ 少ない	적다
□ 小説	소설	□ 優れている	잘나다
□ 焼酎	소주	□ すごく	굉장히
□ 商品	상품	□ 少し	조금
□ 常連	단골	□ 少しあとで	이따가
□ 常連のお客様	단골손님	□ 涼しい	시원하다
□ 職員	직원	□ スター	스타
□ 職業	직업	□ ずっと①	계속
□ 食後	식후	□ ずっと②	훨씬
□ 食堂	식당	□ すでに①	벌써
□ 諸君	제군	□ すでに②	이미
□ しょっちゅう①	자꾸	□ 捨てる	버리다
□ しょっちゅう②	자주	□ ストレス	스트레스
□ 書類	서류	□ ストレスがたまる	스트레스가 쌓이다
□ 知らない	모르다		
□ 調べる	알아보다	□ 素直だ	솔직하다
□ 知り合い	아는 사람	□ スプーン	숟가락

日本語引き 単語帳

□ 全て	모두
□ 全ての	모든
□ ～するふりをする	척하다
□ 座る	앉다

□ 性格	성격
□ 整形手術	성형수술
□ 成功	성공
□ 成功する	성공하다
□ セール	세일
□ 席	자리
□ 世間, 世の中	세상
□ 絶対に	절대로
□ 節約する	아끼다
□ 全身が痛む	온 몸이 쑤시다
□ 全然, まったく	통
□ 洗濯①	세탁
□ 洗濯②	빨래
□ 洗濯物	빨래
□ 先輩	선배
□ 全部	다, 전부
□ 善良だ	착하다

□ 掃除	청소
□ 騒々しい	시끄럽다
□ そうだ	그렇다
□ 蒼白だ	창백하다
□ そこ	거기
□ 育つ	자라다
□ 率直だ	솔직하다
□ 外	밖
□ その	그
□ その子	그 애
□ そのとおりだ, そうだ	그렇다
□ そば(人の)	곁
□ そば(物や人の)	옆
□ 空	하늘
□ ソラク(雪嶽)山	설악산
□ 剃る(髪の毛などを)	깎다
□ それから	그리고
□ 存在する	존재하다
□ そんなに, あんまり	별로

□ 第一印象	첫인상
□ 大会	대회
□ 大学生	대학생
□ 退勤	퇴근
□ 大変だ	힘들다
□ ダイヤモンド	다이아몬드
□ 耐える	참다
□ 高い(値段が)	비싸다
□ だから	그러니까
□ 宝くじ	복권
□ 炊く	짓다
□ たくさん	많이
□ タクシー代	택시비
□ だけ①	만
□ だけ②	뿐
□ 確かに	분명히
□ 出す	내다
□ 助けてあげる	도와주다
□ 助けになる	도움이 되다
□ 助ける	돕다
□ ただ	그냥
□ ただ, ひたすらに	오직
□ ただいま	방금
□ 叩く	때리다
□ ～たち	~ 들
□ 建てる	짓다
□ 他人	남
□ 楽しい①	재미있다
□ 楽しい②	즐겁다
□ 頼むから, どうか	제발
□ たぶん	아마
□ 食べる	먹다
□ だまされる	속다
□ たまに	가끔씩
□ 溜まる	쌓이다
□ ためらう①	망설이다
□ ためらう②	주저하다
□ 誰	누구
□ 誰が	누가
□ 誰一人も	아무도
□ 誰も	아무도

日本語	韓国語	日本語	韓国語
□ タンゴゲ(地名)	당고개	□ テレビ(直訳:テレビジョン)	텔레비전
□ 誕生日	생일	□ 電車(直訳:電動車)	전동차
□ 男性	남자	□ 伝統漢方茶	전통한방차

ち	
□ 地域	지역
□ 小さい	작다
□ チーム長	팀장
□ チェックする	체크하다
□ 地下鉄	지하철
□ チケット	티켓 , 표
□ 遅刻する	지각하다
□ 知人	지인
□ 血の涙を流す	피눈물을 흘리다
□ チャムシル(地名)	잠실
□ チャンス	기회
□ 中国	중국
□ 駐車する	주차하다
□ 昼食	점심
□ 躊躇する	주저하다

つ	
□ 疲れている	피곤하다
□ 付き合う	사귀다
□ 付く	붙다
□ 妻①	아내
□ 妻②(英語のwife)	와이프
□ 積まれる	쌓이다
□ 罪	죄
□ 梅雨	장마
□ 梅雨の時期	장마철
□ 強い	강하다
□ つらい	힘들다

て	
□ 手	손
□ 定期預金	정기예금
□ 提出する	제출하다
□ 手入れをする	가꾸다
□ 出口	출구
□ テコンドー	태권도
□ 手伝う①	도와주다
□ 手伝う②	돕다
□ 徹夜する	밤을 새우다
□ デパート(直訳:百貨店)	백화점

□ 電話	전화
□ 電話する	전화하다

と	
□ ドア	문
□ どういうこと	웬일
□ どうか	제발
□ 同級生	동창
□ どうしたこと	웬일
□ どうしても	아무래도
□ どうすれば	어쩌면
□ 当選する	당첨되다
□ どうだ	어떻다
□ 到着する	도착하다
□ 堂々としている	당당하다
□ どうにも	아무래도
□ 遠い	멀다
□ 遠くなる	멀어지다
□ 時	때
□ どこ	어디
□ 年を取る	늙다
□ 土地	땅
□ 突然	갑자기
□ とても	엄청
□ どのぐらい	얼마나
□ 飛び出る	튀어나오다
□ 友達	친구
□ 取りそろえる	챙기다
□ 取り分	몫
□ 努力	노력
□ 努力する	노력하다
□ 泥棒	도둑
□ どんな	어떤
□ どんなに	얼마나
□ どんなふうだ, どうだ	어떻다

な	
□ ない	없다
□ 内緒で	몰래
□ 治る	낫다

日本語引き 単語帳

□ 長い	길다
□ 流す	흘리다
□ 泣かせる	울리다
□ なかなか	꽤
□ 長話	긴말
□ 泣く	울다
□ なくしてしまう（物などを）	잃어 버리다
□ なくす	잃다
□ 情けない、惨めな恰好	꼴
□ 成し遂げる	해내다
□ なぜ	왜
□ なぜか	왠지
□ 何	뭐
□ 何か	무슨
□ なにごと	웬일
□ 何も	아무것도
□ 名前	이름
□ 名前をつける	이름을 짓다
□ 涙	눈물
□ 悩む	고민하다
□ 何でも①	뭐든
□ 何でも②	뭐든지
□ なんとなく、ただ	그냥
□ 何日	며칠
□ 何の、何かの（否定文の中で 使われるとき）	아무

に

□ 煮える	익다
□ 苦い	쓰다
□ にきび	여드름
□ （肉が）おちる	살빠지다
□ 逃げる	도망치다
□ 偽物	가짜
□ ～に対して	~ 에 대해(서)
□ にっこりと笑う	환하게 웃다
□ 日程	일정
□ 日本	일본
□ 日本語	일본말
□ 入院する	입원하다
□ 煮る	익히다
□ 人気が高い	인기가 많다
□ 人間	인간

□ 人間らしい	인간답다

ぬ

□ 盗み	도둑질

ね

□ 値	값
□ 願う	바라다
□ 寝言	잠꼬대
□ 猫をかぶる	내숭떨다
□ ねだる	조르다
□ 寝る	자다

の

□ 残る	남다
□ ～のせいで	~ 때문에
□ 載せられる	실리다
□ 望む	바라다
□ ～のために	~ 때문에
□ ～のためにする	위하다
□ 喉	목구멍
□ 伸ばす（髪などを）	기르다
□ 伸びる	늘다
□ ～のみ	만
□ 飲み会	술자리
□ 飲む	마시다

は

□ 歯	이빨
□ 場	자리
□ 履かせる	신기다
□ ～ばかり	만
□ 履物	신발
□ 履く	신다
□ 拍手する	박수를 치다
□ 箸	젓가락
□ 走って行く	뛰어가다
□ 初めて	처음
□ 始める	시작하다
□ 肌	피부
□ 二十歳	스무살
□ 発音する	발음하다
□ はっきりと	분명히
□ 白血病	백혈병
□ 初恋	첫사랑
□ 発表する	발표하다

□ 花	꽃	□ 釜山	부산
□ 話	말	□ 侮辱	모욕
□ 離れる	떨어지다	□ 二重まぶた	쌍꺼풀
□ ハニー	자기	□ 再び	다시
□ パパ	아빠	□ 物価	물가
□ 早く①	빨리	□ 二日(ふつか)	이틀
□ 早く②	일찍	□ ぶつかる	부딪히다
□ はればれしい	밝다	□ 太る	살찌다
□ パン	빵	□ 赴任する	부임하다
□ ハンサムだ	잘 생기다	□ 振られる(恋愛などで)	차이다
ひ		□ ブランド品	명품
□ 火	불	□ 古い	헌
□ 冷える	식다	□ プロポーズ	프러포즈
□ 引き返す	되돌리다	□ 文化	문화
□ 低い	낮다	へ	
□ 飛行機	비행기	□ 別	별
□ 久しぶり	오래간만	□ 別に	별로
□ 引っ越しのお祝い	집들이	□ 部屋	방
□ 必死になる	기(를) 쓰다	□ 部屋を探す	방(을) 구하다
□ 人	사람	□ 減らす	줄이다
□ 一つも	아무것도	□ 減る	줄다
□ 一目惚れする	첫눈에 반하다	□ 勉強する	공부하다
□ 一人(で)	혼자(서)	□ 便利だ	편리하다
□ 秘密	비밀	□ 弁論	변론
□ 悲鳴	비명	ほ	
□ 病	병	□ 帽子	모자
□ 病院	병원	□ 帽子をかぶる	모자를 쓰다
□ 標準語	표준어	□ 包装する	포장하다
□ 昼寝	낮잠	□ ホームショッピング	홈쇼핑
□ 火を通す	익히다	□ ボールペン	볼펜
□ ピンタをする	뺨을 때리다	□ 他の①	다른
□ 貧乏だ	가난하다	□ 他の②	딴
ふ		□ ぽっちゃりしている	통통하다
□ ファン	팬	□ 頬	뺨
□ ファンミーティング	팬미팅	□ ほめられる①	칭찬받다
□ 増える	늘어나다	□ ほめられる②	칭찬을 듣다
□ 深く考える	궁리하다	□ ぼられる	바가지(를) 쓰다
□ 服	옷	□ 本心	진심
□ 複雑だ	복잡하다	□ ホンデ(弘大)	홍대
□ 復讐する	복수하다	□ 本当に①	정말
□ 服用する	복용하다	□ 本当に②	진짜
□ 老ける	늙다	□ 翻訳する	번역하다

日本語引き 単語帳

ま	
□ まあ	어머
□ 毎日①	매일
□ 毎日②	맨날
□ 前	앞
□ 前(過去のことを言う時に使う)	전
□ 孫(男の子)	손자
□ また	또
□ まだ	아직
□ 間違って考える	잘못 생각하다
□ 待つ	기다리다
□ 全く①	전혀
□ 全く②	통
□ 窓	창
□ まともに	제대로
□ 学ぶ	배우다
□ ママ	엄마
□ 守る	지키다
□ 迷う	망설이다
□ 丸々している	통통하다
□ 回す	돌리다
□ 漫画	만화

み	
□ 見える	보이다
□ 右, 右側	오른쪽
□ 短い	짧다
□ 水	물
□ 自ら	스스로
□ ミスする	실수하다
□ 店	가게
□ 道	길
□ 道端	길가
□ 三日(みっか)	사흘
□ 見通しがいい	환하다
□ 認める	인정하다
□ 醜い(顔などが)	못나다
□ 未来	미래
□ みんな①	다
□ みんな②	모두

む	
□ 迎え	마중
□ 昔	옛날

□ 無我夢中で	정신없이
□ ムクゲ	무궁화
□ むしろ	차라리
□ 難しい	어렵다
□ 息子	아들
□ 娘	딸
□ 夢中になる	미치다
□ むやみに	함부로

め	
□ 名簿	명단
□ メガネ	안경
□ 目がまぶしい	눈(이) 부시다
□ 召し上がる	드시다
□ メッセージ	메세지
□ 目まいがする	어지럽다

も	
□ もう	벌써
□ もうやめる	그만 하다
□ もう一度	다시
□ 文字①	글씨
□ 文字②	문자
□ もたれる	체하다
□ 餅	떡
□ 持ち分	몫
□ 持つ	가지다
□ 持つ(有する)	갖다
□ もっと	더
□ 最も	가장
□ 戻る	돌아가다
□ 物	물건
□ もはや	이미
□ もみじ	단풍
□ 燃やす	태우다
□ もらう	받다

や	
□ 約束	약속
□ 優しい	친절하다
□ 休む	쉬다
□ やせる①	마르다
□ やせる②	살빠지다
□ やたらに	함부로
□ やつれる	수척하다

□ やめる	관두다
□ ややこしい	복잡하다
□ やり抜く	해내다

ゆ	
□ 夕方	저녁
□ 優勝する	우승하다
□ 郵便	우편
□ 愉快だ	즐겁다
□ 豊かな暮らしをする	잘 살다
□ ゆっくり	푹
□ 指輪をはめる	반지를 끼다
□ 夢	꿈
□ 許す①	용서하다
□ 許す②(直訳:許諾する)	허락하다

よ	
□ 酔う	취하다
□ 用事	일
□ 容赦する	용서하다
□ 要点	요점
□ 預金	예금
□ よく	자꾸
□ 横(人の)	곁
□ 横(物や人の)	옆
□ 四日(よっか)	나흘
□ 予定	예정
□ 世の中	세상
□ 呼ぶ	부르다
□ 読む	읽다
□ 喜ぶ	기뻐하다
□ 弱い	약하다
□ 弱気になる	기(가) 죽다
□ 夜を明かす	밤(을) 새다

ら	
□ ラーメン	라면
□ ライブ	라이브
□ ライブハウス	라이브 하우스
□ 楽に	편히

り	
□ リーダー	리더
□ 離婚	이혼
□ 利子	이자
□ 理由	이유

□ 留学	유학
□ 理由なく(ただ)	그냥
□ 量	양
□ 料理	요리
□ 旅行	여행

れ	
□ 冷蔵庫	냉장고
□ 列車	열차
□ 練習する	연습하다
□ 連絡する	연락하다

わ	
□ ワールドカップ	월드컵
□ 若い	젊다
□ 若く見える	젊어 보이다
□ わからない	모르다
□ 別れる	헤어지다
□ 忘れてしまう	잊어버리다
□ 忘れられる	잊히다
□ 忘れる	잊다
□ 私	나
□ 私, わたくし	저
□ 私たち	우리
□ 笑う	웃다
□ 笑わせる	웃기다
□ 悪い	나쁘다
□ 割れる	터지다

【著者プロフィール】

白　姫恩 （ベク・ヒゥン） 백 희은

ソウル生まれ、崇実大学校貿易学科卒業。
大阪大学大学院言語文化研究科修士（言語文化学専門）。
韓国国民銀行（KB 銀行）、大学文化新聞社での勤務を経て来日。
日本語能力試験 1 級取得。TV 誌のＮＨＫハングル講座特集
ページの解説、日韓両国での様々な国際イベント企画、TV 出
演、ラジオのインタビュー出演・通訳出演などメディアでも活
躍中！日本一の歴史を誇る韓国語弁論大会（2011 年～現在）（主
催：韓国大阪青年会議所・ソウル青年会議所）審査委員も務め
ている。
その他、韓国文化講演活動や韓国旅行企画の活動も行っている。
また、優秀学習者の学習ストラテジー・スピーキング能力を中
心に研究を行っている。

【現在】

・NHK カルチャーセンター梅田教室　講師
・大阪商業大学総合交流支援課　韓国語講師
・情熱『白』先生　韓国語教室　代表講師
・韓国語ナレーター

【著書】

『新版 口を鍛える韓国語作文―語尾習得メソッド―初級編』（コスモピア）
『新版 口を鍛える韓国語作文―語尾習得メソッド―中級編』（コスモピア）
『韓国語のきほんドリル』（国際語学社）
『韓国語のきほんドリル　ステップアップ編』（国際語学社）
『韓流スターのファンミーティング・インタビューで学ぶ韓国語』（国際語学社）など

【専門分野】

・教材開発・韓国語教育・韓国文化教育・国際交流

■韓国語講師：情熱「白」先生！！のアツアツ韓国世界
　http://blog.livedoor.jp/baeksensei/

■ Twitter：@baeksensei100
■ Instagram：@baeksensei100
■ YouTube：『情熱白先生』『BAEKsenseiTV』で検索

【新版】口を鍛える韓国語作文
—語尾習得メソッド— 上級編

2020 年 9 月 15 日　初版発行
2021 年 12 月 20 日　第 2 刷発行

著者：白　姫恩

韓国語ナレーション：白　姫恩
協力：新田　義浩

発行人：坂本由子
発行所：コスモピア株式会社
　　　　〒 151-0053　東京都渋谷区代々木 4-36-4　MC ビル 2F
営業部：TEL: 03-5302-8378 email: mas@cosmopier.com
編集部：TEL: 03-5302-8379 email: editorial@cosmopier.com

https://www.cosmopier.com/　［コスモピア・全般］
https://e-st.cosmopier.com/　［コスモピア e ステーション］
https://www.e-ehonclub.com/　［英語の絵本クラブ］

印刷・製本：シナノ印刷株式会社

＼＼ 本書のご意見・ご感想をお聞かせください！ ／／

本書をお買い上げいただき誠にありがとうございます。
今後の出版の参考にさせていただきたいので、ぜひ、ご意見・ご感想をお聞かせください（PC またはスマートフォンで下記のアンケートフォームよりお願いいたします）。

アンケートにご協力いただいた方のなかから抽選で毎月 10 名の方に、コスモピア・オンラインショップ（https://www.cosmopier.net/shop/）でお使いいただける 500 円分のクーポンを差し上げます。
（当選メールをもって発表にかえさせていただきます）

アンケートフォーム
https://forms.gle/UVXAGNxUt4AYXSUR9